Karl Frey

Die unsichtbare Hand

Erlebnisse in den
letzten Kriegstagen an der Ostfront
und auf einem abenteuerlichen
Fußmarsch zur Heimat

W0178802

media**Kern**

Meiner Frau
und meinen Kindern
gewidmet

Bibliografische Information der Deutschen Nationalbibliothek
Die Deutsche Nationalbibliothek verzeichnet diese Publikation in der
Deutschen Nationalbibliografie; detaillierte bibliografische Daten sind im
Internet über http://www.dnb.de abrufbar.

ISBN 978-3-8429-2623-3

Bestell-Nr. 5.122.623
© 2015 mediaKern GmbH, 46485 Wesel
Die ersten fünf Auflagen erschienen zwischen 1983 und 1993 im Verlag
der St.-Johannis-Druckerei C. Schweickhardt, Lahr-Dinglingen.
Die sechste Auflage wird von der Tochter des Autors
Renate Frey herausgegeben.
Kartenskizze Seite 6–7: Renate Frey
Umschlagbild: Getty Images / jocrebbin
Umschlaggestaltung: Ch. Karádi
Satz: J. Deusch
Lektorat: Diana Speiser
Gesamtherstellung: Drukarnia Dimograf, Bielsko-Biała, Polen
Printed in the EU 2015

www.media-kern.de

Inhalt

Vorwort

Die hier vorgelegte Berichtsfolge ist eine Zusammenfassung meiner Tagebuchaufzeichnungen, wie ich sie unmittelbar nach meiner Heimkehr in mehreren Abendvorträgen der Kirchengemeinde Uhingen zur Kenntnis brachte. Eine damals noch frische Erinnerung konnte die täglichen Notizen mühelos ergänzen.

Was hier aufgezeichnet ist, sind Tatsachen, die ich gewiss subjektiv erlebt und erfahren, aber trotzdem objektiv zu beschreiben versucht habe.

Ich bin in der Zwischenzeit schon von vielen Seiten gebeten worden, diesen Tatsachenbericht einem größeren Kreis zugänglich zu machen. Nicht zuletzt hat mich eine gewisse Scheu vor einer weiteren Ausbreitung ganz persönlicher Erlebnisse zögern lassen. Wenn ich mich jetzt trotzdem zur Veröffentlichung entschlossen habe, dann bewegen mich dazu folgende Überlegungen:

1. Die Generation, die den Zweiten Weltkrieg bewusst miterlebte, tritt allmählich ab. Dies sollte nicht geschehen, ohne dass die unmittelbaren Zeugen die gemachten Erfahrungen noch einmal deutlich herausstellen und sie der nachwachsenden Generation mahnend vor Augen malen.

2. Es ist heute besonders unter jungen Menschen wieder ein Fragen aufgebrochen und ein Interesse daran erwacht, wie es denn damals wirklich gewesen sei. Meine Aufzeichnungen haben das tägliche Geschehen festgehalten, wie es ein kleiner Soldat an seinem kleinen Frontabschnitt zu spüren bekam. Diese Notizen wollen aufzeigen, wie es dort wirklich war.

3. Trotz des großen zeitlichen Abstandes muss immer wieder festgestellt werden, dass die Ereignisse der damaligen Zeit bis heute geistig nicht gründlich genug verarbeitet worden sind. Hier wäre gewiss noch manches nachzuholen, immer wieder neu zu überdenken und für die Zukunft fruchtbar zu machen, ehe es aus dem Bewusstsein verdrängt wird. Diese Erlebnisberichte möchten dazu beitragen, dass das Nachdenken über den Ablauf jenes Zeitgeschehens wach bleibt und weiterhelfen kann.

4. Dieser Bericht kann und möchte schließlich zu einer Ermutigung und Stärkung des Glaubens dienen. Er bezeugt, dass man Gottes wunderbare Nähe und seine unsichtbare Hand gerade in den dunkelsten Stunden, in tiefsten Nöten, in größten Gefahren und in der Nachbarschaft des Todes erfahren kann.

Karl Frey

Kartenskizze zu

„Die unsichtbare Hand"

gezeichnet von
Renate Frey

7

Feuertaufe an der Ostfront

Am 22. März 1945 löste unsere Infanterie-Division bei Königsdorf in Oberschlesien eine Panzer-Division ab. Damit bezogen wir zum ersten Mal eine Stellung den Russen gegenüber. Zuvor waren wir in Italien eingesetzt, in der »Hölle von Nettuno« nach der Landung der Alliierten und später nach dem »Avantimarsch« an der »Grünen Linie« im nördlichen Apennin. Die in diesen Kämpfen stark dezimierte Division war wieder aufgefüllt und in aller Eile über Prag an die Ostfront gebracht worden, um die zurückweichenden deutschen Linien zu verstärken. Bis jetzt kannten wir nur die Kampfesweise des angloamerikanischen Gegners, der mit starkem Materialeinsatz und das Leben seiner eigenen Soldaten schonend mehr den Krieg auf Distanz führte, sodass wir die feindlichen Kämpfer selten zu Gesicht bekamen.

Wie anders die Ostfront beschaffen war, merkten wir schon, als wir bei Nacht aus dem Eisenbahnzug stiegen und das Frontfeuer wahrnahmen. Die Kampflinie, so hörten wir, sei nur einen knappen Kilometer entfernt. In Italien war jedoch 100 Kilometer hinter der Front kein Bahngleis mehr intakt. Die abrückenden deutschen

Soldaten erklärten uns, man erwarte in wenigen Tagen einen russischen Großangriff. Unsere Führung aber versicherte uns, es sei ein ruhiger Frontabschnitt. In banger Ungewissheit bezogen wir unsere Stellung. Wir waren uns bewusst, dass wir nun in einen aussichtslosen Endkampf geworfen werden sollten.

Am 24. März erwachten wir in der Frühe an einem unheimlichen Rauschen in der Luft und einem damit verbundenen donnerähnlichen Getöse. Es war einige Kilometer entfernt, aber wir spürten doch, dass die Erde bebte. Erst allmählich begriffen wir, dass die Russen mit ihrer Stalinorgel den Großangriff begonnen hatten. Dieser Kampflärm dauerte den ganzen Tag. Der Schwerpunkt lag aber auf der Seite unseres Nachbarregiments, während unsere Stellungen weniger stark beschossen wurden. Bei diesem ersten Ansturm der Russen hatte unsere Division einen Ausfall von 1800 Mannschaften, 344 Unteroffizieren und 77 Offizieren. Das war nicht überraschend, denn wir waren völlig unzureichend ausgestattet in den Kampf geschickt worden. Die Munition für schwere Waffen fehlte fast ganz. Dass mit einer so schwachen Ausrüstung gegenüber dem massenhaften Materialaufwand und Truppeneinsatz der Russen die Stellung nicht gehalten werden konnte, war vorauszusehen. Trotzdem wurde die Division für das Versagen verantwortlich gemacht und bestraft. Das heißt, nicht die eigentlich schuldige oberste Führung, sondern der übrig gebliebene Rest der Division wurde gemaßregelt. Die Strafe wurde in einem Führerbefehl bekannt gegeben und bestand darin, dass allen Angehörigen unserer Division das Tragen sämtlicher Tapferkeitsauszeichnungen verboten wurde. Was noch einsatzfähig war, wurde zu einer Kampfgruppe zusammengefasst, die von da ab einer Strafkompanie gleich in ständigem Wechsel immer an den Brennpunkten der Front eingesetzt wurde. Auf diese Weise sollten wir uns bis zu Hitlers Geburtstag am 20. April wieder das Recht und die Würde zum Tragen der Auszeichnungen verdienen.

Machtlos dem Verbluten an einer zerbrechenden Front ausgeliefert

25. März

In der Nacht zum 25. März machten wir Stellungswechsel. Dieser ging so langsam vor sich, dass es schon hell war, bevor wir unseren Abschnitt bezogen hatten. Bei unserem Vorgehen bekamen wir immer heftiger werdendes Feuer. Auch war kein klarer Überblick mehr vorhanden, was noch frei und was schon vom Gegner besetzt war. Als wir im Granathagel nicht mehr weiterkamen, beschloss unser Kompaniechef, im nächsten Haus den Gefechtsstand einzurichten. Wir konnten von den Fenstern aus die Russen sehen. Sie mussten aber auch uns entdeckt haben, denn sie jagten mit Panzerabwehrkanonen, Panzern und Granatwerfern allerlei zu uns herüber. Da ich bei den Nachrichtenleuten des Kompanietrupps eingeteilt war, machte ich mich mit meinen Kameraden sofort an die Arbeit, eine Telefonverbindung zum Bataillonsgefechtsstand herzustellen, der sich in einem Haus befand, das etwa 400 Meter seitwärts lag. Wir trommelten das Kabel ab und hatten gerade jenes Haus erreicht, als ein Pakgeschoss zwischen uns einschlug. Der Luftdruck warf mich mit starker Wucht an den Gartenzaun, meinen Kameraden zu Boden. Ich hatte keine weiteren Verletzungen, nur klingelten mir den ganzen Tag über die Ohren. Mein Kamerad blutete an der Hand. Wir bauten aber die Leitung fertig bis zur Vermittlung. Dort war man sich aber über weitere Kabelverlegungen noch nicht schlüssig, weil man nicht wusste, ob man die Stellung noch einige Stunden halten konnte. Auch hatten sie in der Vermittlung durch Volltreffer schon 3 Tote, die schwarz und blutig hinten in einer Kammer nebeneinanderlagen. Vorsichtig zogen wir uns wieder zum Kompaniegefechtsstand zurück.

Unter Hangen und Bangen gingen die Stunden hin, während immer wieder Verwundete gebracht und Gefallene gemeldet wurden. Wir wussten, dass am Abend unsere Stellung um einen Kilometer zurückgenommen werden sollte, und konnten kaum erwarten, bis es dunkelte. Manchmal kamen die vordersten Teile unserer Schützenlinie fluchtartig zurück, wurden aber durch aufmunternde oder scharfe Worte unseres Chefs wieder nach vorne getrieben. Endlich kam der Abend und wir traten behutsam den Rückweg an. Unsere Führung war sich aber über den Aufbau der neuen Stellung noch nicht einig. So lagen wir wartend auf freiem Feld, wurden einmal dahin, dann dorthin geschickt und fanden weder Ruhe noch Schlaf. Ein russischer Gefangener sagte aus, dass sie in einem nahen Wäldchen etwa 40 Panzer stehen hätten. So machten wir uns auf allerlei gefasst, obwohl es unsere Offiziere nicht glauben wollten, dass an diesem Abschnitt so viele Panzer eingesetzt würden. Als es tagte, wurden wir endlich in unsere Stellungen eingewiesen. Wir richteten rasch unseren Kompaniegefechtsstand in einem Hause ein, das in einer Mulde lag, und legten wieder eine Leitung zum Bataillonsgefechtsstand.

26. März

Es folgte ein langer und schrecklicher Tag. Wir wurden mit dichtem Granatfeuer eingedeckt, während auf unserer Seite nur wenig Munition zur Verfügung stand, für jeden Werfer etwa 6 Granaten. Wie der V-Beobachter meldete, rollten tatsächlich aus dem von dem russischen Gefangenen bezeichneten Wäldchen etwa 40 Panzer, allerdings nicht direkt gegen unsere Stellung, sondern südlich im Bogen ausholend an uns vorbei. Ihnen nach zog sich den ganzen Tag über ein nicht enden wollender Strom von Fahrzeugen und Truppen. Dies alles konnten wir gut von unserem Kompaniegefechtsstand aus beobachten, den wir in einen gut abgedeckten Viehstall verlegt hatten, konnten aber nichts dagegen tun. Plötzlich hatten wir keine Verbindung mehr nach rückwärts zur Fernmeldestelle des Regiments und der Division. Und dann wurde es uns auf einmal klar, dass wir eingekesselt waren. Das feindliche Feuer verstärkte sich. Auch unsere

Leitung zum Bataillonsgefechtsstand war alle Augenblicke durch Granateinschläge unterbrochen. Wenn wir zur Entstörung gingen, war es jedes Mal ein Gang auf Leben und Tod, weil die Strecke vom Gegner eingesehen war.

Bei einem solchen Gang geriet ich in einen so noch nie erlebten Beschuss. Während ich neben dem Leitungsdraht am Boden lag, pfiffen die Kugeln der feindlichen Maschinengewehre über mich hinweg oder an mir vorbei und schlugen klatschend in die Erde. Rechts und links, vor und hinter mir krepierten die Wurfgranaten und überschütteten mich ständig mit der aus den Trichtern herausgeschleuderten Erde. Es war mir, als ziele eine ganze Kompanie auf mich. Trotzdem traf mich kein Splitter und keine Kugel. Ich fühlte mich wie unter einer schützenden Hand. Als es etwas ruhiger wurde, kroch ich auf dem Bauch den Leitungsdraht entlang, der an vielen Stellen zerrissen war, und band die einzelnen Stücke wieder zusammen. In dem Augenblick aber, als ich das Haus erreicht hatte, in dem der Bataillonsgefechtsstand eingerichtet war, schlug dort krachend eine Granate ein und schon stand auch das ganze Haus in Flammen. Darauf zog der Bataillonsstab rasch in ein anderes Haus in derselben Mulde, in der auch unser Kompaniegefechtsstand lag.

Das war immer noch in den Vormittagsstunden. Zunächst wurden unsere Linien etwas eingedrückt, aber dann ließ das feindliche Feuer nach. Wir sahen, dass die Russen mit ihren Massen an uns vorbeirollten. Sie hatten uns ja in der Falle und schienen an diesem Tage keine weiteren Versuche zu machen, uns vollends einzusammeln. Doch wussten wir nicht, ob sie vielleicht am Abend noch zu einem Angriff ansetzen würden. Auf unserer Seite war die Munition wieder knapp geworden. Dazu wurde jeder Schuss unsererseits vom Gegner hundertfach erwidert. Da war es ratsam, sich möglichst ruhig zu verhalten und so zu tun, als sei man nicht mehr da. Am Abend wollte man dann versuchen, unsere eingeschlossene Kampfgruppe leise und vorsichtig oder auch mit Gewalt durch die russische Umklammerung hindurchzubringen. Aber es wollte und wollte nicht Abend werden. Es kam auch keine Funkverbindung mit dem Divisionsstab zustande. So verlebten wir die Stunden, die uns wie Ewigkeiten vorkamen, in einer kaum auszuhaltenden Anspannung der Nerven. Unser Chef lag auf einem Bündel Stroh im Stall neben dem Vieh und tat so, als ob er schliefe. Man merkte ihm aber an, wie bedrückt er war.

In der Ecke des Stalles kauerten Familienmitglieder des bäuerlichen Anwesens. Darunter war ein 12-jähriger Junge. Diesen drückte etwas und er wollte, um den Drang los zu werden, nur geschwind über den Hof zu dem abseitsstehenden Toilettenhäuschen. Da wurde er vom Splitter eines krepierenden Geschosses am Kopf verletzt. Schrecklich blutend und schreiend kam er in den Stall zurück. Eine Wange war völlig aufgerissen. Unser Sanitäter legte dem Verwundeten einen Verband an und gab ihm Beruhigungsmittel. Jetzt stieg auch die Unruhe unter uns Soldaten. Hier und da äußerte einer seine Verzweiflung. Da wandte sich einer an mich, sodass es alle hören konnten: »Du Pfarrer, du hast doch ein Büchlein bei dir, in dem für jeden Tag ein Bibelspruch drinsteht. Wie heißt denn das Wort für den heutigen Tag?« Er meinte das Losungsbüchlein der Herrnhuter Brüdergemeine. Ich holte es aus meiner Tasche und las laut vor: »Sie sollen mein Volk sein und ich will ihr Gott sein« (Hes. 37,23). Dann sagte ich einige Worte in die Stille hinein. Ich möchte, so erklärte ich, daraus herauslesen, dass für uns Gott auch noch da ist und dass er uns aus dieser hoffnungslosen Lage gnädig herausführen wird, wenn wir ihm vertrauen. Dann sprach ich ein Gebet. Es war spürbar, wie dies auf einmal allen wieder Mut und Hoffnung gab. Und mancher, von dem ich es nicht erwartet hätte, sagte laut, man müsse Gottvertrauen haben, bei Gott seien alle Dinge möglich. Für einige Minuten waren wir keine militärische Gruppe mehr, sondern eine kleine Gemeinde, die sich in ihrer Bedrängnis und Todesangst im Gottvertrauen übte. Un-

16

ser Chef allerdings verhielt sich distanziert. Er sprach kein Wort.

Der Zwischenfall mit dem verwundeten Jungen hatte gezeigt, dass uns die Russen genau in den Augen hatten und dass sie ziemlich nahe herangerückt sein mussten. Wir konnten also bei Tageslicht unmöglich unser Gebäude verlassen. Endlich nahte der Abend. Als es dunkel genug war, kamen unsere Leute aus ihren Stellungen und wir sammelten uns in einer rückwärts gelegenen Mulde. Wir waren etwa 400 Mann. Unser Bataillonsführer, der unsere ganze Kampfgruppe befehligte, hatte offenbar doch noch eine Funkverbindung mit dem Divisionsstab zustande gebracht und wusste die Richtung, in der wir etwa 20 Kilometer zurückgehen sollten. Dieser Mann brachte mit seiner Ruhe und Umsicht wieder Mut in unsere Reihen. Dann marschierten wir los, einer hinter dem anderen, die Gewehre schussfertig und auf allerlei Überraschungen gefasst. Man hörte keinen Laut. Keiner sprach ein Wort. Die Befehle wurden nur flüsternd durchgegeben. So ging es Stück für Stück voran, bis wir nach Königsdorf kamen. Dort sahen wir trotz nächtlichem Dunkel die Spuren vom Kampf des vergangenen Tages. Doch zeigte sich kein Lebewesen. Auf leisen Sohlen gingen wir über eine Straße hinweg und dann in einem Graben an ihr entlang. Wir hatten bereits den Ortsrand erreicht, als plötzlich vor uns Leuchtkugeln hochgingen. Von etwa 100 Meter her riefen russische Posten ihr »Stoi!«. Wir duckten uns und verharrten regungslos. Auf der Straße galoppierte ein Reiter. Wir blieben aber unbemerkt. Als es wieder ruhiger war, machten wir einen Bogen um die Gefahrenstelle.

Unser Weg führte jetzt einer Bahnlinie entlang, etwa 3 Kilometer weit. Da hörten wir vor uns in der Richtung der Bahnlinie lautes Schlagen und Hämmern, dazu ein Durcheinander von russischen Stimmen. Offenbar waren da Pioniere bei der Arbeit. Es war also klar, dass wir in dieser Richtung auch nicht weitergehen konnten. Wir gingen deshalb wieder einen halben Kilometer zurück und lagerten uns am Bahndamm, während einige Offiziere einen Spähtrupp unternahmen, um eine Lücke zu finden, durch die wir aus diesem scheinbar ganz von den Russen besetzten Gelände herauskommen könnten. Sie waren kaum weggegangen, als wir russische Stimmen vernahmen, die näher und näher kamen. Dann erkannten wir im Mondlicht vier Gestalten, die direkt auf uns zuliefen. Es war eine russische Streife. Die Männer unterhielten sich laut und hatten uns noch nicht bemerkt. Als sie ganz nahe heran waren, erhoben sich die Vordersten von uns, während die anderen mit ihren Karabinern in Anschlag gingen. Die Russen blieben stehen. Einer von ihnen fragte, ob wir Russen oder Deutsche seien. Da schrie ihm einer der Unseren auf Russisch entgegen: »Hände hoch!« Darauf griff der Russe neben ihm nach der Maschinenpistole. Doch unsere Leute waren schneller, sodass der Russe getroffen zu Boden fiel, bevor er abdrücken konnte. Der erste aber gab sich gefangen, während die beiden letzten die Flucht ergriffen. Da begann eine aufgeregte Schießerei von unserer Seite hinter ihnen her. Einen von ihnen sah ich noch stürzen, während der andere im nächtlichen Dunkel verschwand. Der Gefangene wimmerte, man möge ihn doch am Leben lassen, da er Frau und Kinder zu Hause habe. Weil wir erwarteten, durch unseren Gefechtslärm könnten die Russen alarmiert worden sein, gingen wir vorsichtshalber hinter dem Bahndamm in Stellung. Diesen Augenblick nutzte der gefangene Russe, um plötzlich fluchtartig wegzulaufen. Als er auf Anrufen nicht stehen blieb, wurde hinter ihm hergeschossen, bis er zusammenbrach.

Inzwischen kam der Spähtrupp zurück und führte uns eiligst in die erkundete Richtung. Durch den Zwischenfall waren wir sehr aufgeregt geworden und drängten wie verfolgt vorwärts. Wir setzten über einen knietiefen Bach, in dem wir uns nasse Füße holten, und gingen dann an einem Waldrand entlang, über Wiesen und Äcker, bis wir etwa kurz nach Mitternacht an einem Kanal haltmachten. Der Kommandeur erklärte uns, wir hätten es jetzt geschafft, seien aus der feindlichen Umzingelung herausgeführt und hätten wieder Verbindung mit deutschen Einheiten. Die Offiziere gingen dem nahe gelegenen Bahndamm zu, um mit einem dort liegenden deutschen Truppenverband abzuklären, welchen Frontabschnitt wir zu übernehmen hatten. Wir aber lagerten uns derweilen am Kanal, freudig bewegt über unsere vorläufige Rettung. Es verging jedoch Stunde um Stunde, ohne dass neue Anweisungen kamen. Das lange Warten machte uns allmählich unruhig. Auch froren wir in der kühlen Nacht in unseren nassen Schuhen. Wir liefen auf und ab, um uns zu erwärmen. Man redete laut miteinander. Einige Kilometer entfernt war eine lebhafte Schießerei im Gange. Dort musste also die Front sein. Dies bekümmerte uns aber im Augenblick nicht weiter. Wir fühlten uns momentan in Sicherheit.

Plötzlich hörten wir ganz in der Nähe russische Kommandorufe. Gleichzeitig begann das Knattern eines Maschinengewehres, das aus einer Entfernung von knapp 100 Metern seine Garben in unsere Richtung schoss. Dieser unerwartete Angriff löste unter uns große Verwirrung aus. Wir flüchteten über eine schmale Kanalbrücke, um hinter nahe liegenden Gebäuden Deckung zu suchen. Der ganze Haufen drängte dahin. Die Russen aber schossen wie wild. Es war jedoch gut, dass sie Leuchtspur benützten. So konnte man den Kugeln etwas ausweichen. Einmal konnte ich mich gerade noch hinwerfen, als eine Feuergarbe in Brusthöhe über mich hinwegging. Mit Mühe brachte man dann auf unserer Seite einige Maschinengewehre in Stellung, um das feindliche Feuer zu erwidern und die Russen zu vertreiben. Die meisten von uns flohen aber hastig dem Bahndamm zu.

Jetzt waren auf einmal wieder unsere Offiziere da und begannen uns wegen der Flucht zu schelten. Denn viele von uns hatten bei dem plötzlichen Überfall ihre Waffen und sonstige Ausrüstungsgegenstände verloren oder weggeworfen. Aber hatten wir denn diesen Zwischenfall verschuldet? Ging dies nicht auf das Konto unserer Führungsmannschaft, die uns über drei Stunden lang im offenen Gelände warten ließ, in einem Gelände, das offenbar von den Russen kontrolliert war? Sofort wurde ein Stoßtrupp organisiert und das verlorene Gerät wiedergeholt. Ich hatte auch bei den Sprüngen über die Gräben meine Trommel Feldkabel weggeworfen, weil sie so schwer war. Jetzt konnte ich sie wieder an mich nehmen. Auch die verlorenen Stahlhelme konnte man wieder einsammeln. Als man dann Erkundigungen einzog, wer bei dem Überfall zu Schaden gekommen sei, zeigte es sich, dass außer einigen leichten Verwundungen nichts passiert war.

27. März

Schon kam die Morgendämmerung. Wir marschierten einige Kilometer dem Bahndamm entlang, wo die Landser in den Löchern saßen und einen heißen Kampftag erwarteten. Dann kamen wir in ein Dorf. Von dort führte eine Straße durch einen Tunnel unter dem Bahndamm hindurch, hinüber zur russischen Front. Unsere Kampfgruppe hatte den Auftrag, den Bahndamm rechts und links des Tunnels zu besetzen und zu halten. Wir im Kompanietrupp gingen etwa 200 Meter die Dorfstraße hinauf, um ein Haus für den Kompaniegefechtsstand zu suchen. Ein Offizier hielt uns an und ließ uns erst weitergehen, als er davon überzeugt war, dass wir tatsächlich zum Kompanietrupp gehörten. Er hatte den Auftrag, jeden zurückgehenden Soldaten wieder nach vorne in die Stellung zu treiben, die Häuser und Keller zu durchsuchen und etwa versteckte Soldaten an die Front hinauszujagen oder zu erschießen. Deshalb kontrollierte er jeden, den er hinter der Kampflinie antraf.

Wir fanden dann für den Kompaniegefechtsstand ein geeignetes Haus. Es hatte zwar einige Volltreffer bekommen und kein Dach mehr. Doch hatte man durch die Fensterluken einen weiten Ausblick nach vorne und es war ein guter Keller vorhanden. Freilich war es sehr eng darin, denn die Hausbewohner hatten sich ängstlich und Schutz suchend hierhergeflüchtet. Ferner lagen viele verwundete Soldaten herum.

Die Russen hatten schon seit der Morgendämmerung ein immer stärker werdendes Feuer eröffnet. Jedoch gemessen an dem, was wir in den vorhergehenden Tagen erlebt hatten, hielten wir es für erträglich. Wir bauten unsere Leitung zum Bataillonsgefechtsstand, und weil es in unserem Keller zu eng war, zogen wir Nachrichtenleute in ein Nachbarhaus. Da wir schon einen Tag lang nichts gegessen hatten, begann uns der Hunger zu quälen und wir beschlossen, uns einen Kaffee zu kochen, um wenigstens etwas Warmes in den Magen zu bekommen. Aber die Russen störten uns dauernd bei dieser friedlichen Tätigkeit. Alle Augenblicke schlug eine Granate ins Haus, das immer mehr zusammenbrach. Bald waren wir auch im Keller des Lebens nicht mehr sicher und zogen uns eiligst wieder zum Kompaniegefechtsstand zurück. Es entwickelte sich dann ein heißer Kampftag. Ohne Unterbrechung kamen die Granaten geflogen. Verwundete wurden gebracht und Gefallene gemeldet. Die Russen verstärkten ihren Druck und es gelang ihnen, an einer Stelle über den Bahndamm zu kommen. Dies hatte zur Folge, dass unsere deutschen Truppen auch an den anderen Stellungen dem Bahndamm entlang zurückwichen. Einige unserer Offiziere waren bereits ausgefallen. Es fehlte daher an einer straffen

Führung. Die Zug- und Gruppenführer gingen teilweise in der Flucht voraus. Da ging unser Kompaniechef zornig hinaus und trieb mit der Maschinenpistole die Leute wieder nach vorn. Dadurch wurde momentan eine regellose Flucht verhindert.

Die Russen aber dehnten ihren Einbruchsraum aus. Wir sahen sie in hellen Scharen über die Äcker und Wiesen kommen, ohne Deckung zu suchen und kaum aufgehalten oder gestört durch unsere schwache Abwehr. Der Anblick dieser auf uns zukommenden dunklen Massen war schockierend. Trotzdem mussten wir aushalten. Die Munition für unsere Granatwerfer war wieder äußerst knapp. Die Artillerie wirkte auch nur spärlich mit. Der Artilleriebeobachter, der sich mit seinem Funker bei uns im gleichen Haus befand, forderte zwar von Zeit zu Zeit ein paar Schüsse auf bestimmte Ziele an. Aber meistens kamen sie dann zu spät und hatten wenig Wirkung. Der Gegner schien allmählich unser Haus als Gefechtsstand ausgemacht zu haben, denn wir kamen immer stärker unter Beschuss, auch durch Maschinengewehre und Scharfschützen. Man konnte kaum mehr den Keller verlassen. Und doch war eine ständige Beobachtung notwendig, weil man nicht wusste, in welchem Augenblick die Russen da sein würden. Wir mussten auch immer wieder zur Entstörung der Telefonleitung hinaus. Das war jedes Mal ein schrecklicher Gang und ein geradezu selbstmörderisches Unternehmen, weil die Leitung über einen deckungslosen Geländeabschnitt führte, der bereits von feindlichen Scharfschützen beherrscht wurde. Endlich nahte aber doch der Abend und damit ein Abflauen der Kämpfe.

Ich wollte mir gerade aus einem Brunnen etwas Wasser zum Trinken holen. Da wurde ich auf ein Röcheln aufmerksam, das aus einem halb zerschossenen Schuppen hinter unserer Hausruine kam. Ich ging dorthin und fand einen schwer verwundeten deutschen Soldaten auf dem Boden liegen. Man hatte ihn wahrscheinlich zum Sterben hierhergetragen. Es lag schon ein Toter neben ihm. Der Sterbende war ohne Bewusstsein. Im Halbdunkel konnte ich erkennen, dass er eine schwere Kopfverletzung hatte. Die rechte Gesichtshälfte war völlig zerschlagen. Das Auge war bloß gelegt und weit aus der Höhle getreten. Über der Wunde lag nur spärlicher Verband. Ich setzte mich neben den Sterbenden und griff nach seiner Hand, um ihn möglicherweise doch spüren zu lassen, dass jemand bei ihm war. Es war eine schwere Hand, die auf einen handwerklichen Beruf schließen ließ. Ich betete laut mit dem Sterbenden, dass er mich vielleicht noch hören könnte, aber er war schon weit weg. Trotzdem blieb ich bei ihm und hielt seine Hand, bis das Herz zu schlagen aufhörte. Dann nahm ich ihm und dem anderen Toten das Soldbuch und die

Wertsachen ab und übergab sie dem Kompanietruppführer zur Weiterleitung, damit die Angehörigen be-
nachrichtigt werden könnten.

Vielleicht konnten wir in dieser Nacht ein paar Stunden schlafen? Aber wir hatten auch einen unbeschreib-
lichen Hunger und warteten auf Verpflegung. Man hörte
allerdings, die Russen hätten große Teile unseres Trosses
gefangen genommen. Gegen Mitternacht kam aber doch
die Versorgung angerollt. Allerdings gab es nur eine
kärgliche Ration, weil tatsächlich doch ein großer Teil
unseres Proviants den Russen in die Hände gefallen war.
Wir legten uns dann ganz ermattet nieder und konnten
in dieser Nacht endlich wieder einmal einige Stunden
ruhen.

28. März

In den frühen Morgenstunden weckten uns die Russen
mit ihrer Schießerei unliebsam auf. Es entwickelten sich
wieder blutige Kämpfe. Wir hatten den Eindruck, dass
der Feind sein Hauptfeuer auf unsere Stellung konzen-
trierte. Granate um Granate schlug ein. Die Gewehr-
kugeln prasselten an die Hauswände. Und dann kam
plötzlich ein Fliegerangriff. Wir pressten uns im Keller
eng zusammen. Die Zivilisten lagen auf den Knien,
streckten ihre Hände zu den in den Keller mitgebrachten
Kruzifixen empor und schrien laut und verzweifelt ihre

Gebete hinaus. Es war wie ein Orkan, als die Flieger ihre Bomben abwarfen. Die Erde bebte. Auch unser Haus wurde getroffen. Einer schrie: »Es brennt!« Wir wollten schon alle nach oben und ins Freie springen, als sich herausstellte, dass es eine Falschmeldung war. Es war nur alles voller Staub und Pulverdampf. Nun war wieder die Telefonverbindung zum Bataillonsgefechtsstand unterbrochen. Kurz zuvor war noch ein Melder von dorther gekommen, mit zerschossenem Gewehrkolben. Er hielt es für selbstmörderisch, diesen Verbindungsweg bei Tageslicht zu gehen. Ununterbrochenes Granatfeuer lag auf diesem Gelände. Außerdem hatten die Russen Scharfschützen eingesetzt, die alles abknallten, was sich bewegte. Unser Kompaniechef verlangte aber trotzdem die Entstörung der Telefonleitung. Da ging unser Kamerad Kühl, der an der Reihe war, hinaus, kam jedoch nicht wieder zurück. Der Chef drängte aber massiv auf die Entstörung der Leitung. Da versuchte ich es zusammen mit einem Kameraden. Wir krochen vorsichtig ein Stück weit hinaus, merkten aber bald, dass es ein unmögliches Unternehmen war. Die Leitung war fast durchweg in meterlange Stücke zerfetzt. Auch waren wir von drei Seiten her eingesehen und lagen den Scharfschützen im Ziel. So musste man also notgedrungen auf eine Verbindung mit dem Bataillonsgefechtsstand verzichten. In harten Kämpfen, in deren Verlauf sich die Russen bis auf etwa hundert Meter heranschoben, ging der Tag hin. Ungeduldig erwarteten wir den Abend. Es hieß, wir sollten in der Nacht abgelöst werden. Wir wussten aber nicht, ob unsere Stellung so lange zu halten war.

Die eingebrochene Dunkelheit ermöglichte es uns, eine neue Leitung zu legen. Dabei suchten wir auch nach unserem vermissten Kameraden Kühl. Er war aber nicht zu finden. Vielleicht hatte er sich verwundet abseitsgeschleppt und war verblutet. Da fielen mir auch wieder die beiden Toten ein, die noch im Schuppen hinter unserer Hausruine lagen. Ich wollte sie nicht so liegen lassen. Eine Mitnahme unserer Gefallenen war an diesem Frontabschnitt ohnehin nicht mehr möglich. Deshalb hätte ich gerne die beiden vor unserem Rückzug bestattet. Ich fragte meine Kameraden im Keller, ob sie mir bei dieser Arbeit helfen wollten, aber sie wollten nicht. Die einen sagten, sie hätten ein Grauen vor den Toten. Die andern meinten, das feindliche Feuer sei noch viel zu stark und es lohne sich nicht, für die Beerdigung von Toten sein Leben aufs Spiel zu setzen. Schließlich waren zwei Mann bereit, die Toten aus dem Schuppen herauszutragen. Das Herrichten eines Grabes musste ich aber allein besorgen. Ich schaufelte zu diesem Zweck ein in der Nähe gelegenes Deckungsloch weiter aus. Da hinein legten wir dann die Gefallenen. Beim

Zudecken des Grabes war ich wieder allein. Das Geschäft war für meine Kameraden zu gefährlich, denn russische Maschinengewehre streiften ununterbrochen die Gegend ab und die Kugeln schlugen immer wieder klatschend in dem Schuppen neben uns ein. Ab und zu krepierten auch Wurfgranaten in nächster Nähe. Ich fühlte mich aber trotzdem bei diesem letzten Liebesdienst irgendwie beschützt. Als ich das Grab zugedeckt hatte, befahl ich die beiden Toten im Gebet in Gottes Hände. Dabei gedachte ich auch der mir unbekannten Angehörigen, die noch nichts von dem Leid wissen konnten, das auf sie zukam.

Inzwischen war tatsächlich unsere Ablösung eingetroffen. Gebirgsjäger übernahmen unsere Stellung und wir rückten eiligst ab, froh, aus diesem Hexenkessel herauszukommen. Wir marschierten einige Kilometer zurück und wurden in Häuser und Scheunen eingewiesen. Es hieß, wir dürften uns da einmal ausschlafen. Auch Verpflegung war da, die wir nötig brauchten, denn wir waren ganz ausgehungert. Und wie gut war es, wieder einmal etwas ruhiger auf weichem Stroh schlafen zu können.

29. März

Doch kaum drei Stunden währte die Ruhe, da kam schon wieder Alarm. Schweigend gingen wir durch die

Nacht, einem neuen Frontabschnitt am Bahndamm zu. Es war in der Frühe des 29. März, am Gründonnerstag, als wir uns dort an einem Waldrand eingruben. Die Hauptkampflinie lag noch etwa zwei Kilometer weiter vorne jenseits des Bahndamms. Wir sollten nur eine Art zweiter Linie darstellen. Mit unserem Eingraben waren wir jedoch noch nicht fertig, als von vorne schon die alarmierenden Meldungen kamen, die Russen seien durchgebrochen. Und schon kamen auch die ersten deutschen Soldaten fluchtartig zurück. Eiligst sprangen wir aus den Löchern und Gräben und griffen nach Gerät und Waffen. Alles drängte zurück. Ein Granathagel brach über uns herein.

Und dann waren auch schon die Russen da, wenige Meter vor uns. In Scharen und mit lautem Geschrei quollen sie aus dem an einem Hang gelegenen Wald heraus, stellten sich frei in die Lichtung und eröffneten das Feuer auf uns. Unser Bataillonskommandeur lief aber erschrocken auf dem Bahndamm auf und ab, hielt die Zurückfliehenden auf und hieß sie mit aufmunternden Worten wieder in Stellung gehen. Seiner Umsicht und Furchtlosigkeit war es dann auch zu verdanken, dass sich auf unserer Seite rasch ein Widerstand bildete und sich nicht alles in regelloser Flucht auflöste. Es hätte eine Katastrophe gegeben, denn hinter uns lag ein freies deckungsloses Gelände. Es wäre den Russen ein Leichtes gewesen, uns bei der Flucht darüber hinweg mit ihren Maschinengewehren niederzumähen. Minutenlang tobte ein heftiger Nahkampf hin und her. Die Russen hatten ihr Werferfeuer noch nicht vorverlegt, sodass ihre Granaten zum Teil zwischen ihren eigenen Leuten einschlugen. Auf unserer Seite steigerte sich der Mut und Widerstand, als die vordersten Russen fielen oder in den Wald zurückwichen.

Ich warf mich gerade mit meiner schweren Kabeltrommel hinter einen schützenden Baum, als ganz nahe eine Granate einschlug. Mit lautem Schrei stürzte ein Kamerad neben mir zu Boden. Mich selbst streifte ein Splitter an der Hand. Da schrie ich für den Verwundeten neben mir nach einem Sanitäter, aber es war keiner da. So hielt ich es für meine Pflicht, mich jetzt selbst um den Verletzten zu kümmern. Er lag mit dem Gesicht im Wasser eines vorbeifließenden Baches und konnte sich nicht regen. Damit er nicht ertrank, zog ich ihn rasch heraus und legte ihn auf den Bauch. Bei der Ausführung war ich aber einem so dichten Granatfeuer und Kugelhagel ausgesetzt, dass ich jeden Augenblick damit rechnen musste, selbst getroffen zu werden. Aber ich wollte dem Verwundeten helfen. Es war ein blutjunger Mensch. Er jammerte laut über seine Verwundung am Rücken. Ich machte die Kleidungsstücke los. Es war alles voller Blut. Ein Splitter hatte ihm auf der linken

Rückenseite eine große Fleischwunde gerissen, hatte dann offenbar das Rückgrat verletzt, denn die Füße konnten nicht mehr bewegt werden, und war dann auf der rechten Rückenseite stecken geblieben. Dort war er unter der Haut zu spüren. Ich verband dann den Verwundeten notdürftig, während unsere Leute die Russen weiter zurückdrängten.

Der Verletzte jammerte laut und flehte wie ein kleines Kind, ich solle ihn doch zum Verbandsplatz bringen, damit er den Russen nicht in die Hände falle. Ich fand aber niemand, der mir tragen half. Erst nach einer Weile kamen einige aus hinteren Verstecken heraus und waren froh, eine Beschäftigung zu finden, bei der man sich ein Stück weit von der Front entfernen konnte. So trugen wir den Verwundeten über den Bach dem Verbandsplatz zu. Weil wir dabei über offenes Gelände hinweg und eine leichte Anhöhe hinaufgehen mussten, wurden wir offenbar vom Gegner eingesehen, denn wir wurden plötzlich von Panzern beschossen. Es war schrecklich. Wir erkannten, dass wir eine selbstmörderische Rettungsaktion unternommen hatten, denn wir waren jetzt alle in Todesgefahr. Zurück konnten wir aber nicht mehr. So versuchten wir, in immer neuen Ansätzen, von Granatloch zu Granatloch Deckung suchend, das Haus zu erreichen, in dem der Verbandsplatz eingerichtet war. Wir waren jedoch kaum darin untergetaucht, da nahmen die Russen dieses Gebäude unter Beschuss.

In einer Feuerpause wurde der Verwundete vom Arzt verbunden und zum weiteren Rücktransport auf ein Pferdefuhrwerk verladen. Da kam wieder ein Feuerüberfall. Wir pressten uns im Innern des Hauses, das einige Treffer erhielt, an die Wände und auf den Boden. Der Verwundete draußen auf dem Wagen schrie aber zum Verzweifeln, wir sollten ihn doch wieder ins Haus tragen. So sprangen wir schließlich durch die Fensterluken und holten ihn im Granatfeuer wieder herein. Nachher wurde es etwas ruhiger und der Verwundete konnte im eiligen Pferdetrab weggeschafft werden.

Man wollte uns nun gleich wieder an die Kampflinie zurücktreiben, obwohl wir noch ganz erschöpft waren. Da brachten Angehörige meiner Kompanie einen weiteren Verwundeten. Sie erklärten, sie hätten den Auftrag, noch weiter zurückzugehen, um beim Munitionsstützpunkt Munition zu holen. Wir sollten doch auch mitgehen und ihnen tragen helfen. Es sei sowieso jetzt bei Tageslicht unmöglich, über das offene Gelände zurückzugehen, ohne abgeschossen zu werden. So gingen wir eben mit. Beim Munitionsstützpunkt wuschen und rasierten wir uns und tranken einen heißen Kaffee. Erst als es dunkelte, gingen wir, mit Munition beladen, wieder nach vorn. Wir fanden jedoch erst nach Mitternacht unsere Leute in einem Waldstück am Bahndamm, wo sie sich eingegraben hatten. Man hatte mich wohl vermisst, aber vermutet, ich sei gefallen. Es hieß, am Morgen solle von unserer Seite ein weiterer Gegenangriff unternommen werden, um die Russen auf ihre alten Stellungen zurückzuschlagen.

30. März
Karfreitag

So dämmerte es in den Karfreitag hinein. Ich hatte mir rasch ein Deckungsloch gegraben. Darin lag ich und fror. Schlafen konnte ich nicht. Meine Gedanken gingen zurück in die Heimat, zu meiner Familie und zu meiner Gemeinde, die sich wohl an diesem Karfreitag zum Gottesdienst versammeln würde. Wie eine schwere Last legte sich das Elend und die verbrecherische Sinnlosigkeit dieses Mordens, dazu die Hoffnungslosigkeit unserer Lage auf mich. Ich dachte an den gekreuzigten und sterbenden Christus und konnte nur immer wieder vor mich hinsprechen: »Christus, erbarme dich über uns!«

In den ersten Morgenstunden rollten dann vier deutsche Sturmgeschütze und drei Panzer an und schoben sich brummend nach vorne. Diese Unterstützung, wenn sie auch schwach war, half doch viel und unser Gegenangriff hatte den gewünschten Erfolg. Aber wir erlitten dabei empfindliche Verluste. Vor allem tat es uns um unseren Bataillonskommandeur leid, der verwundet zurückgeschafft wurde. Er hatte den Gegenangriff geleitet. Durch seine Ruhe und Sicherheit, die er ausstrahlte, hatte er uns seither doch manchmal aus gefährlicher Lage geführt und manch drohende Katastrophe abwenden können. Jetzt sollte unser Kompaniechef einspringen. Dies war jedoch kein vollwertiger Ersatz.

Am Nachmittag des Karfreitags griffen die Russen wieder an. Ich lag mit dem Kompanietrupp etwa 300 Meter hinter der Hauptkampflinie im ununterbrochenen Granatfeuer. Vor uns lag unsere vorderste Schützenlinie am leicht aufsteigenden Hinterhang. Immer wieder fiel da einer der Kämpfer. Ich schaute einmal durchs Fernglas und sah, wie einer ein paar Meter rückwärts in ein anderes Schützenloch sprang. Es war aber nicht tief genug und er begann tiefer zu graben. Jedoch nur ein paar Spatenstiche konnte er tun. Da schlug eine Granate direkt in sein Deckungsloch und schleuderte ihn heraus. Er blieb regungslos liegen und war offensichtlich tödlich getroffen, denn er lag Stunden danach noch genauso da. So wurde den ganzen Karfreitag über gekämpft. Doch konnte die Stellung im Wesentlichen gehalten werden.

31. März bis 16. April
Eine Atempause

In diesem Abschnitt blieben wir nun liegen. Nachdem die Russen unseren energischen Widerstand verspürt hatten, verlegten sie den Schwerpunkt ihrer Durchbruchsversuche an andere Punkte der Front. Wir aber freuten uns über diese Erleichterung und gruben uns besser ein. Wir deckten unsere Erdlöcher mit starkem Föhrenholz ab und schaufelten sie so aus, dass man bequem darin liegen konnte. Ruhe hatten wir aber damit noch nicht. Obwohl sich die Frontlinie kaum bewegte, lebten die Kämpfe immer wieder auf. Das feindliche Feuer war noch stark genug, sodass wir täglich Ausfälle zu beklagen hatten. Aber wir konnten wenigstens einmal in derselben Stellung verbleiben, ohne dauernd den Standort wechseln zu müssen. Das blieb so bis zum 16. April.

Im Gelände lagen viele gefallene Russen herum. Vor einem musste ich nachdenklich stehen bleiben. Seine gebrochenen und weit geöffneten blauen Augen in einem gütigen Gesicht starrten mich fragend an. Sein Mund war geöffnet, als wollte er mir etwas sagen, und die Finger, an denen ein Ehering zu sehen war, umklammerten noch das Gewehr mit dem aufgepflanzten Bajonett. Ich dachte daran, dass da irgendwo eine Familie sein wird, eine wartende Frau und Kinder und vielleicht auch eine

Mutter, die bald um ihn trauern und weinen werden, der ohne irgendwelche menschliche Teilnahme hier liegt und nicht mehr zurückkommt. Ich war auf einmal in einem Zwiegespräch mit dem Toten, fragte mit ihm über das Warum und Wozu und klagte mit ihm über die eiserne Faust, die gleicherweise hinter ihm und hinter mir zu spüren war. Wie lange noch? Es fiel mir ein Vers des Arbeiterdichters Heinrich Lersch ein:

> *Mein Auge mag mich täuschen,*
> *mein Herze täuscht sich nicht:*
> *Es trägt ein jeder Toter*
> *des Bruders Angesicht.*

Wie oft bin ich in diesen Wochen so des Bruders Angesicht begegnet!

Während dieser etwas ruhigeren Zeit wurde ich auch zweimal zu Tagungen zum Regimentsgefechtsstand zurückgeschickt. Dort erfuhr ich, dass wir eine energische nationalsozialistische Betreuung der Truppe ausüben sollten. Wieso ich mich als Pfarrer dafür eignen konnte, war mir allerdings unerklärlich. Ich war auch der einzige unter den Teilnehmern, der weder der Partei noch einer ihrer Gliederungen angehörte oder der darin schon irgendwie tätig war. Im Gegenteil. Ich war vor meiner Einberufung im Verlauf des Kirchenkampfes deutlich als Gegner des Nationalsozialismus abgestempelt und deswegen wiederholt öffentlich angegriffen worden. Da ich aber meinen Marschbefehl zu diesen Tagungen hatte, machte ich sie interessehalber mit. Man erfuhr dabei die neusten Nachrichten und man konnte Klagen und Beschwerden vorbringen. Wir erhielten dabei auch allerlei begehrte Leckerbissen, mit denen ich meinen Kameraden vorne eine große Freude machen konnte. Ich drängte besonders auf eine bessere Verpflegung der Truppe, auf ein reichlicheres Maß von Essen und Trinken, auf die Möglichkeit zum Wäschewechsel und auf eine Abhilfe in der Läuseplage. In dieser Hinsicht trat dann auch tatsächlich in den folgenden Tagen eine Besserung ein. Der NS-Betreuungsoffizier war der Kreisleiter einer Stadt im Schwarzwald. Ich fragte ihn im Gespräch, wie man sich denn den Fortgang und das Ende des Krieges denke. Darauf erklärte er, man könne wohl militärisch den Krieg nicht mehr gewinnen, aber politisch. Da hätten wir die größte Chance. Amerika und Russland würden sich bestimmt in die Haare kommen und das werde unsere Rettung sein. Wir sollten deshalb jeden einzelnen Mann an der Front zum Durchhalten aufmuntern und den Glauben an den Führer stärken. So wolle es der Generalfeldmarschall Schörner haben. Ich meinte dann allerdings, es wäre am besten, wenn zu solchen Aufmunterungen die NS-Betreuungsoffiziere selbst nach vorne gingen. Er nahm diese Äußerung etwas unmutig auf, unternahm aber nichts gegen mich. Vielleicht glaubte er auch selbst nicht mehr, was er sagte oder sagen musste. Ich nahm mir aber vor, mich zu solchen Tagungen nicht mehr senden zu lassen, weil ich es gewissensmäßig nicht verantworten konnte, einen so handgreiflichen Betrug auch nur scheinbar zu unterstützen. Glücklicherweise kam auch keine Einladung mehr. Da faselte man hinter der Front von einem möglichen politischen Sieg und einem kommenden Konflikt zwischen Amerika und Russland, der unsere gegenwärtige verzweifelte Lage noch verändern könnte. Den Glauben an einen militärischen Sieg hatte man also aufgegeben. Man machte aber trotzdem nicht Schluss, sondern ließ uns hart und rücksichtslos an der Front verbluten. Im Gespräch mit den anderen Tagungsteilnehmern merkte ich, dass auch da die meisten ungehalten und von einem baldigen katastrophalen Zusammenbruch überzeugt waren. Man sprach darüber unter vier Augen und im vertrauten Kreis, durfte es aber nicht lauter sagen, denn man machte kurzen Prozess mit denjenigen, die man bei solcher »Zersetzung der Wehrmacht« ertappte.

17. April

Am Abend des 16. April wurde der Bataillonsstab, die zweite und dritte Kompanie und die Hälfte unserer vierten Kompanie als Kampfgruppe (Korpsreserve) zusammengefasst und herausgezogen. Es ging langsam und mit vielen Verzögerungen voran, bis wir dann gegen Morgen auf Lastwagen verladen und von Godow bis Willmersdorf gebracht wurden. Als wir dort abstiegen, lag gerade starkes Granatfeuer auf der Ortschaft. Eine Viertelstunde später wurden wir wieder verladen und noch eine Strecke weiter transportiert bis zu einer Ortschaft, die wenige Kilometer südöstlich von Olsau lag. Wir meinten, wir könnten dort bleiben, richteten uns ein und legten die Leitungen. Doch ehe wir ganz fertig waren, kam der Befehl zu weiterem Vorgehen. Wir sollten uns bis zum Ort Olsau hinüberarbeiten. Das war am hellen Mittag. Dabei musste man ebenes, deckungsloses Gelände und die Olsa überqueren. Der ganze Weg war von den Russen eingesehen und lag unter dauerndem Beschuss. Wir sollten offenbar unsere Verteidiger von Olsau unterstützen, weil der Gegner schon am Ortsrand lag.

So traten wir also befehlsgemäß diesen Weg durchs Feuer an. Wir sprangen einzeln und in großen Abständen nacheinander über die Ebene. Ich weiß nicht, wie oft ich mit meiner Kabeltrommel auf dem Bauch lag. Es ist mir aber eine ganz unangenehme Erinnerung an dieses Vorgehen geblieben. Zu dem Granat- und Gewehrfeuer kam noch ein Fliegerangriff mit Bomben und

40

Bordwaffen, als ich mich über den Flusssteg arbeitete. Und gerade diesen Übergang hatten sich die Flieger zum Ziel genommen. Immer wieder flogen sie an und immer wieder schrie einer unserer Soldaten getroffen auf. Endlich brach auch das Brücklein zusammen und die Flieger drehten ab. Es war jetzt nicht mehr weit bis zu den ersten Häusern von Olsau. Vorher musste ich allerdings nochmals durch einen Fliegerangriff hindurch. Dann saßen wir lange, auf weiteren Befehl wartend, in den Kellern am Ortseingang. Erst gegen Abend wurden wir in der Ortschaft verteilt, wo wir uns zur Verteidigung für den nächsten Tag einrichten sollten. Wir Nachrichtenleute zogen in den Keller eines Försterhauses, das schon halb zerschossen war. In einem Zimmer lag ein deutscher Gefallener, dem es blutroten Schaum aus dem Mund getrieben hatte. Der ganze Ort sah schon arg mitgenommen und verwüstet aus. Wir sahen kein Haus mehr, das nicht schon einen Volltreffer hatte. So machten wir uns auf einen harten Kampf am kommenden Tag gefasst. Auf Verpflegung warteten wir an diesem Abend wieder einmal vergebens.

Wir hatten uns eben aufs Stroh gelegt, als wir alarmiert wurden. Rasch bauten wir die Leitungen wieder ab, verließen den Ort und lagen dann wartend im Freien am Ufer der Olsa. Die zweite und dritte Kompanie wurden hundert Meter weiter vorn in die Stellungen eingewiesen. Ansonsten aber war die Führung wieder sehr verwirrt. Wir wussten nicht, ob wir hier bleiben und uns eingraben sollten. Es hieß, wir würden abgelöst und wieder herausgezogen, noch vor Morgengrauen. Es sei bereits schon entschieden. Wir müssten nur noch warten, bis der Hauptmann den Ablösungsbefehl bringe. Unser Kompaniechef war gar nicht da. Wie ich erst am andern Morgen erfuhr, hatte er sich mit anderen Offizieren in einem Keller verborgen. So brachten wir wartend und frierend Stunde um Stunde hin. Ich fand ein zufällig leeres Schützenloch und legte mich da hinein. Die anderen machten es ebenso oder lagerten sich am Uferhang der Olsa.

18. April

Schon begann es, leicht zu dämmern. Es war 4.30 Uhr. Der Ablösungsbefehl war immer noch nicht da. Dagegen begannen die Russen den Kampf des Tages mit einem kaum erlebten Trommelfeuer. Ganz hart wurde Olsau und der Uferabschnitt, an dem wir lagen, unter Beschuss genommen. Auf einmal war auch unser Chef wieder da und suchte nach einem Deckungsloch. Diese gab es aber jetzt in Massen durch die einschlagenden Granaten. Die Erde bebte. Zum ersten Mal lag ich mitten im Einschlagsgebiet eines von den Stalinorgeln abgefeuerten Granathagels. Dicht nebeneinander krepierten die todbringenden Geschosse und durchlöcherten das Gelände. Wer nicht getroffen wurde, war wenigstens halb verschüttet. Am sichersten war es, wenn man immer wieder in die neu entstandenen Granattrichter sprang und die nächste Einschlagswelle abwartete. Diese Ouvertüre dauerte mit kurzen Unterbrechungen etwa zwei Stunden. Dann setzten die Russen zum Infanterieangriff an.

Es war an diesem Morgen neblig. Das war Ursache für mancherlei Verwirrung. Russen wurden für Deutsche und Deutsche für Russen gehalten. Dem Gegner gelang es, durch unsere Linien durchzusickern und einige Gruppen einzukreisen. Es war uns ganz unwohl, die herandrängenden Russen vor uns und einzelne schon unter uns zu haben und im Rücken den Fluss. Und der Absetzbefehl war immer noch nicht da. Endlich gegen 8 Uhr traf er ein. Die inzwischen vergangenen Stunden auf dem unheimlichen Erntefeld des Todes waren wie eine Ewigkeit. So gingen wir, was noch lebte und gehen konnte, erschöpft und doch erleichtert am Ufer der Olsa entlang zurück bis zu einer notdürftig hergestellten Übergangsstelle. Wir hatten Glück beim Überqueren; es war gerade eine Feuerpause. Meine Kräfte aber waren am Versagen unter dem schweren Feldkabel, das ich über das zerschossene Gelände schleppte. Ich schaute noch einmal hinüber nach Olsau, wo wir gestern Abend lagen. Es stand in hellen Flammen.

Nach zweistündigem Rückmarsch wurden wir auf Lastwagen verladen und nach Deutschleuten gebracht. Dort empfing uns ein Offizier der Division, wies uns in einen großen Kinosaal ein und sagte, wir dürften wahrscheinlich jetzt einen Tag und eine Nacht ausruhen. In einer Stunde käme die Verpflegung. Wir waren total entkräftet und hatten hohe Verluste. Der Bataillonsstab fehlte ganz. Er wurde in Olsau in einem Keller von den Russen überrascht. Von der zweiten Kompanie waren nur noch sechs Mann da. Müde und apathisch lagen wir herum. Wir spürten, dass nun auch wir vollends geopfert werden sollten, und wünschten, dass es doch vollends schnell vorüberginge.

Und wie erwartet dauerte die Ruhe nur den Nachmittag an. Am Abend wurden wir wieder in Marsch gesetzt. Wir sollten östlich von Willmersdorf eine Reservestellung beziehen. Die Führung und Einweisung war aber wieder so konfus, dass wir die ganze Nacht hin und her tappten. Es war auch so dunkel, dass man kaum einen Meter weit vor sich hinsah. Erst als der Tag heraufkam, erhielten wir an einem Hang im Ackerfeld unsere Stellung zugewiesen und gruben uns ein.

19. April

Der neue Tag verlief für uns unerwartet ruhig. Aus der Richtung Willmersdorf und westlich davon war aber lauter Gefechtslärm zu hören. Man hatte uns also wohl an einem falschen Ort eingesetzt. Wir waren es doch allmählich gewohnt, nur an Brennpunkte der Front geworfen zu werden. Dies wollte man offenbar sofort korrigieren, denn am Abend kam der Befehl zum Stellungswechsel. Wir sollten etliche Kilometer nach Westen verschoben werden. Dies beanspruchte bei dem ständigen Störungsfeuer wieder die ganze Nacht. Einige wurden verwundet. Wiederum war es lichter Morgen, als wir uns in einem Wäldchen in der Nähe der Olsa einschanzten. Die Russen machten dazu mit ihren Granatwerfern die gewohnte Musik.

20. April

An diesem Tag gab es zu »Führers Geburtstag« pro Mann 10 Zigaretten. Dazu wurde uns bekannt gegeben, die Angehörigen der Division dürften von jetzt ab ihre Auszeichnungen wieder tragen. Ich habe aber wenige Kameraden gesehen, die sie wieder anlegten. Die meisten hatten die Dekorationen weggeworfen. Was hatte dies alles noch für einen Wert? Am Abend kam dann wieder Befehl zum Stellungswechsel, nochmals 800 Meter weiter westlich und näher an die Olsa heran. Dort gruben wir uns am Rande eines Gebüsches ein.

21. bis 28. April

In dieser Stellung, die wir bis zum 28. April halten konnten, hatten wir wieder harte Kampftage zu bestehen. Mancher ließ dort sein Leben oder wurde schwer verwundet fortgetragen. Die Leichtverwundeten durften gar nicht mehr zurück, höchstens zum raschen Verbinden. Dann wurden sie wieder vorgeschickt. Fußverletzte und andere schwerer Verwundete wurden als Divisionsreserve etwas weiter rückwärts für den Noteinsatz bereitgehalten. Unser Truppenarzt wurde von Generalfeldmarschall Schörner zu drei Wochen Stubenarrest verurteilt, weil er einen Mann mit einem Oberschenkelschuss zur Ausheilung weiter zurückgeschickt hatte. Man musste schon ganz schwer verwundet sein, wenn man zum Hauptverbandsplatz oder ins Lazarett gebracht werden durfte. Bei den hohen Verlusten, die wir hatten, wäre eigentlich unsere Division schon längst aufgebraucht gewesen, wenn wir nicht immer wieder neuen Ersatz bekommen hätten. Vom alten Bestand waren nur noch wenige Soldaten vorhanden. So sind wir untereinander auch immer fremder geworden. Dies schwächte merklich die Kameradschaft.

Wir hatten unseren Kompaniegefechtsstand noch diesseits der Olsa. Einige Teile der Kampfgruppe, die jetzt den Namen unseres Kompaniechefs trug, lagen aber jenseits des Flüssleins. Brücke oder Boot waren in den ersten Tagen nicht vorhanden. Es gab aber einige seichte Stellen. Ich habe eine unangenehme Erinnerung an nasse Füße, wenn ich an jene Stellung denke. Beim Leitungsbau oder beim Entstören der Leitung musste man immer den Fluss durchwaten. Das Wasser reichte allerdings nur bis an die Knie. Aber es war doch recht kalt. Und wenn ich dann mit nassen Schuhen und Strümpfen in dem feuchten Erdloch lag, fror ich die ganze Nacht und konnte keinen Schlaf finden.

Beim Abholen der Verpflegung kam ich dort allabendlich an der Leiche eines deutschen Soldaten vorbei. Er lag im offenen Gelände, das bei Tag vom Gegner eingesehen war und auch bei Nacht immer wieder von Maschinengewehren bestrichen wurde. Der Tote war offenbar auf dem Rücktransport gestorben. Er lag noch auf seiner Zeltbahn. Durch Granatsplitter war ihm der ganze linke Oberschenkel aufgerissen. Die Träger hatten ihn hier einfach liegen gelassen. Der arme, langsam verwesende Mensch tat mir leid. Als ich tagsüber etwas Zeit fand, schaufelte ich in einer Mulde ein Grab aus und am Abend bettelte ich drei Kameraden zusammen, die mir den Toten wegtragen halfen. Ich nahm ihm das Soldbuch, die Wertsachen und die Hälfte der Erkennungsmarke ab. Dann sprach ich ein Gebet und deckte das Grab zu, auf das ich noch ein kleines Holzkreuz mit dem Namen des Toten setzte. Der Gefallene gehörte nicht unserer Kampfgruppe an. Ich gab die Nachlasssachen trotzdem bei unserem Gefechtsstand ab. Sie kamen noch am gleichen Abend zum Tross zurück. Ob es noch zu einer Benachrichtigung der Angehörigen kam, weiß ich nicht. Heute bedaure ich, dass ich die Namen der vielen Gefallenen nicht aufgeschrieben habe, denen ich ein Grab bereitete oder die ich im Vorbeigehen vergessen und verlassen auf den Feldern oder in den Wäldern liegen sah. Selten werden da die Angehörigen noch eine offizielle Mitteilung erhalten haben. Doch damals mussten wir ja alle Augenblicke mit dem eigenen Tod rechnen. Wer hatte da noch ein Interesse daran, die Namen von anderen Toten aufzuschreiben? Oder wer hätte ernsthaft daran gedacht, dass er einmal ein überlebender Bote sein könnte?

29. April

In der Nacht vom 28. auf 29. April wurden wir plötzlich abgelöst. Der Abmarsch begann aber erst lange nach Mitternacht. Wir hatten einen wüsten und beschwerlichen Rückweg und versanken fast in dem aufgeweichten Boden. Es war schon Tag, als wir dann auf Lastwagen verladen wurden. Man hörte, es handle sich um eine größere Absetzbewegung und wir kämen jetzt an einen ruhigeren Abschnitt. Wir glaubten allerdings solche Märchen nicht mehr und waren darauf gefasst, dass wir wieder an einen neuen Brennpunkt geworfen würden. Ich nickte meinem Feldwebel zu. Wir hatten in der letzten Zeit manchmal insgeheim darüber gesprochen, ob wir uns nicht absetzen sollten. War das nicht nur noch ein ganz verantwortungsloses Blutopfer und Morden, das mit uns betrieben wurde? War es nicht unverantwortlich und pure Hinrichtung, immer nur den Leib des Infanteristen dem erdrückenden Materialeinsatz der Russen entgegenzustellen? Wir sahen kein deutsches Flugzeug, nur ganz selten einmal einen deutschen Panzer. Wir wurden so gut wie gar nicht unterstützt durch schwere Waffen. Für unsere Granatwerfer gab es täglich nur ein paar Schuss. Und auf eine Granate unsererseits antwortete der Gegner tausendfach. Das war doch nur noch ein verlorener Krieg, den wir da mitspielen mussten.

Und war das noch Verteidigung der Heimat, wo man schon lange keine Post mehr von daheim erhielt und aus den Wehrmachtsberichten entnehmen konnte, dass das eigene Heimatgebiet schon vom Gegner besetzt und nur noch ein kleiner Teil Deutschlands frei war? Lebten unsere Angehörigen überhaupt noch? War man einer solchen verbrecherischen Führung überhaupt noch Gehorsam schuldig? Wozu sollte man sich da noch in den letzten Tagen hinmorden lassen? Aber was konnte man tun? Zu den Russen überlaufen wollte keiner, so verlockend sie auch manchmal abends durch den Lautsprecher einluden: »Kameraden, kommt herüber zu uns! Vergesset den Kochgeschirrdeckel nicht! Es gibt Pudding heute Abend!« Es wurde uns ja allerhand erzählt, wie grausam die deutschen Gefangenen behandelt würden. Und es war in uns allgemein eine unheimliche Angst vor den Russen und vor der Unberechenbarkeit einer russischen Gefangenschaft. Wir wollten nicht in Sibirien umkommen. Zurück konnten wir aber auch nicht. Da hatte Schörner seine Feldgendarmen stehen, die jeden aufhängten oder erschossen, den sie ohne besonderen Ausweis oder Marschbefehl im rückwärtigen Gebiet antrafen. Jeden Tag wurden uns die Namen von hingerichteten Deserteuren bekannt gegeben. Manchmal sahen wir sie an den Bäumen hängen. So fühlten wir uns wie in einem raffinierten Käfig gefangen, zusammengepresst von der Angst von vorne und von der Angst von hinten. Was uns zusammenhielt im Aushalten und im Abwehrkampf, das war eben diese pure Angst und der Wille zum Überleben. Aber wie konnte man da noch überleben? Einige Tage vorher waren auch wieder zwei Kameraden aus unserer Kompanie verschwunden. Sollten wir es nicht auch versuchen? Im Augenblick war ich mit meinem Feldwebel der Meinung, die Stunde sei noch nicht gekommen. Im Beisammensein in einem größeren Haufen fühlte man sich immerhin noch geborgener. Jetzt ging es mit dem Fahrzeug westwärts. Dies ließ uns vorläufig noch einmal aufatmen und wieder hoffen.

Wir wussten allerdings nicht, dass die Russen auch in unserem Kampfabschnitt schon westlich der Oder standen und von dort aus nach Süden vorstießen, um uns, die wir noch verzweifelt östlich der Oder kämpften, den Rückweg abzuschneiden. So glaubten wir zunächst, als wir in Mährisch-Ostrau nach Westen die Oder überquerten, es vollziehe sich eine große Absetzbewegung in Richtung Deutschland. Umso überraschter waren wir, als wir kurz hinter Mährisch-Ostrau feststellen mussten, dass dieses Gebiet schon von den Russen besetzt war und wir nun von Osten her in Richtung Westen zu kämpfen hatten. Als wir dort in einem Dorf ausgeladen wurden, war es wieder wie üblich. Ein heftiges Granatfeuer lag über der Ortschaft. Wir suchten rasch Deckung hinter den nächsten Häusern. Es herrschte ein unübersichtliches Durcheinander. Niemand wusste recht Bescheid über den Verlauf der Hauptkampflinie und wo wir eingesetzt werden sollten. Auf der Höhe lag ein Wäldchen. Niemand wusste, ob es von Deutschen oder Russen besetzt war. Ein Oberst eilte vorbei, immer wieder Deckung suchend hinter den Hauswänden. Hundert Meter entfernt schlugen krachend einige Granaten ein. Der Oberst fragte uns, ob das Abschüsse oder Einschläge seien. Wir gaben ihm staunend und unmutig zur Antwort, hier gäbe es nur noch Einschläge.

Im Laufe des Tages wurde durch Spähtrupps ein etwas besserer Überblick gewonnen. Eine zusammenhängende Frontlinie gab es auf unserer Seite gar nicht mehr. Sie hatte mehrere Lücken bis zu einem Kilometer Länge. In einige dieser Lücken wurden dann unsere Leute geschoben. Mehrere Schwachstellen blieben aber unbesetzt. So durfte es dem Gegner nicht allzu schwerfallen, hier durchzubrechen. Der Tag ging hin unter harten Kämpfen. Wir hatten unseren Gefechtsstand wieder in einem Haus eingerichtet, waren müde und hungrig und sehnten den Abend herbei. Dieser kam endlich, aber es kam wieder einmal keine Verpflegung. Als ich durch die zerschossene Dorfstraße streifte, begegnete ich einem Kameraden aus meiner Heimatgegend. Wir sprachen von unserem heimatlichen Filstal und ob wir's wohl wiedersehen würden. Wir hatten wenig Hoffnung. Ja, wir hatten beide das Gefühl, dass wir einem schweren und entscheidenden Tag entgegengingen.

Der dramatische letzte Kampftag bei Mährisch-Ostrau

30. April

Und so war es auch. Dieser 30. April war unser letzter Kampftag. Der Russen trommelten schon seit der Morgendämmerung wieder heftig auf uns ein. Immer wieder kamen einzelne zersprengte Truppenteile zurück und meldeten, die Russen seien nicht mehr aufzuhalten. Ich machte gerade neben der Kapelle des Ortes wieder ein Grab für einen gefallenen deutschen Soldaten. Stumm und verängstigt standen einige Zivilisten herum, als ich den Leichnam in die Erde legte und ein Gebet sprach. Dann wurde das feindliche Feuer stärker. Es hieß, die Russen hätten schon den Ortsrand erreicht. Dem widersprach unser Chef energisch, das sei eine Lüge und er müsse es doch besser wissen. Aber er wusste es nicht besser. Die zurückfliehenden Landser redeten eine deutliche Sprache. Unserer Bitte, mit dem Kompanietrupp weiter zurückzugehen, widersetzte sich unser Chef zornig und stur. Er war zu sehr von Schörners Befehl beeindruckt, in dem jedem Offizier die Todesstrafe angedroht wurde, wenn er seinen Gefechtsstand ohne Befehl zurückverlege. Doch woher sollte man in einer solchen Situation noch einen Befehl erwarten?

Es kam so weit, dass alle unsere Leute zurückgewichen waren, nur wir mit unserem Gefechtsstand lagen allein und verlassen noch vorne. Dann kam eine unheimliche Stille. Es schlugen keine Granaten mehr ein. Man hörte auch keine Gewehrschüsse mehr. Wir paar Männer im Kompanietrupp hatten ringsum Verteidigungsstellung bezogen. Für alle Fälle. Ich stand an einem offenen Eckfenster, von wo man einen guten Blick zur Hauptstraße hin hatte. Da sah ich plötzlich eine ganze Schar russischer Soldaten mitten auf der Straße daherkommen. Ruhigen Schrittes, ohne Deckung zu suchen, lief ihr Anführer, eine auffallend hagere Gestalt, den Stahlhelm ins Genick geschoben und die Maschinenpistole leicht in der Hand tragend, voraus. Sie waren etwa 30 Meter von mir entfernt und waren offenbar der Meinung, das Dorf sei von uns schon geräumt. Ich hielt es in diesem Augenblick nicht für sinnvoll, die Russen auf unsere Anwesenheit aufmerksam zu machen, und eilte durch den Hausgang zur Hintertüre hinaus und rief den dort postierten Kameraden und dem Chef zu: »Die Russen kommen!« Und schon war alles auf der Flucht. Hals über Kopf ging es über Gartenzäune, Gräben und Wiesen hinweg einem bewaldeten Hügel zu. Wir Leute vom Kompanietrupp waren die letzten der Flüchtenden. Die schwere Kabeltrommel empfand ich wie eine Zentnerlast.

54

Glücklicherwcise entdeckten uns die Russen erst, als wir nicht mehr weit vom Waldrand entfernt waren. Jetzt aber beschossen sie uns heftig aus dem verlassenen Dorf heraus. Unser Chef wollte unsere Leute wieder in Stellung bringen und zum Gegenangriff organisieren. Wir aber flohen alle den steilen Hang hinauf in den schützenden Wald hinein. Dort holten wir Atem und erkundeten die neue Situation. Man hatte hier oben einen guten Ausblick. Drunten floß die Oder. Wenige Kilometer voneinander entfernt führten zwei Brücken über den Fluss. Drüben lag Mährisch-Ostrau. Nun sahen wir von unserer Anhöhe aus, wie eine der beiden Brücken von den Russen besetzt wurde. Gleichzeitig kamen andere deutsche Truppenteile, die über die andere Brücke fliehen wollten, wieder zurück mit der Meldung, auch dort stünden schon russische Panzer. Also war nun der Weg nach rückwärts ganz abgeschnitten. Wir waren eingeschlossen. Im Rücken hatten wir die Oder ohne Brückenübergang. Vor uns legte sich halbkreisförmig die russische Klammer um uns. Wir waren auf einem Raum von etwa zwei Kilometer Länge und einem Kilometer Tiefe zusammengedrängt und zählten etwa 400 Mann. Darunter waren auch versprengte Truppen anderer Einheiten. In der Mitte unseres Waldstücks lag ein großes Gebäude und der Eingang zu einem Bergwerk.

Als wir merken, dass wir eingeschlossen waren, überfiel uns eine große Niedergeschlagenheit und eine heftige Missstimmung wurde laut gegen unsere Führung, die uns so lange hingehalten hatte, bis der Rückweg abgeschnitten war. Nun beschloss man eiligst, den Ring unseres Kessels bis zum Abend zu halten. Da wollte man dann versuchen, uns auf Flößen über die Oder zu schaffen. Emsig trugen wir Bretter und ausgehängte Türen zusammen, um damit ein Floß zu bauen. Doch weil alles planlos und kopflos war, ließ man wieder von dieser Beschäftigung ab. Es war jetzt erst um die Mittagszeit und bis zum Abend konnte sich noch viel ereignen. Wir konnten auch beobachten, wie die Russen mit Pak und Panzern auffuhren und ihre Rohre gegen unser Waldstück richteten. Es ging dann zu, als wäre die Hölle los.

Unser Chef aber, als er sah, dass die Brücken besetzt waren, nahm sein Ränzlein auf den Rücken und sagte, er wolle für heute Abend eine Furt über die Oder erkunden. Dann ging er mit dem Kompanietruppführer und seinem Burschen an den Fluss hinab. Nicht lange danach sahen wir diese drei in einem Kahn übersetzen. Das Boot ließen sie dann hinter sich leer den Fluss abwärtstreiben. Große Erregung erfasste uns und ein zorniger Unmut, als wir den Führer unserer Kampfgruppe so feige fliehen sahen. Uns, seine anbefohlenen Soldaten, ließ er in der größten Not allein zurück, offensichtlich nur darauf bedacht, die eigene Freiheit und das eigene

Leben zu retten. Was war von einer solchen Führung noch zu halten? Da predigten sie uns dauernd große Worte vom Aushalten bis zum letzten Atemzug. Und so feige handelten sie dann selbst in der Stunde der Bewährung. Es waren auch noch andere Offiziere unter uns. Wie ich bald heraushörte, war auch den meisten von ihnen nur noch die Rettung der eigenen Person wichtig. Manche hatten in ihrem Gepäck schon Zivilkleidung.

Plötzlich tauchte ein Hauptmann auf, ein Ritterkreuzträger im Ledermantel. Er gehörte wohl zu einer anderen Einheit, die auch hier zusammengetrieben war. Es sah aus, als wolle dieser jetzt das Kommando für den führungslosen Haufen übernehmen. Er erklärte, er hätte seine Person auch in Sicherheit bringen können, aber er sei geblieben, um uns zu helfen. Er redete uns Mut zu und feuerte uns zu standhaftem Durchhalten an. Am Abend, meinte er, werde man im Sturm eine Brücke nehmen und uns alle hinüberschleusen. So stark seien wir noch. Wir wussten zwar nicht, was er eigentlich im Sinn hatte, aber wir sahen jetzt wieder einen kleinen Hoffnungsschimmer. Die jetzt offenkundig gewordene Führungslosigkeit hatte nebenbei aber auch eine seltsam befreiende Wirkung. Jetzt konnte man ja seine Rettung selbst in die Hand nehmen.

Wir sahen immer noch unserem flüchtenden Chef

nach. Manche meinten, man sollte ihm hintennachschießen. Vorsichtig, jede Bodenerhebung zur Deckung nützend, ging er mit seinen Begleitern der Stadt Mährisch-Ostrau zu. Da drüben, kaum zwei Kilometer entfernt, lag eine große Fabrik. Darauf hielten sie zu. Es fiel mir auf, dass sich dort am Gebäude und auch auf dem weiten flachen Dach viele Menschen bewegten. Man konnte mit dem bloßen Auge nicht recht erkennen, was dies bedeutete. Manche meinten, es sei deutsches Militär, das uns zu Hilfe komme. Andere vermuteten, es seien sicher schon Russen. Ich beobachtete dann eine Weile durchs Fernglas und stellte fest, dass es lauter Männer in Zivilkleidern waren, die sich mit Gewehren bewaffnet hatten. Es waren offensichtlich tschechische Fabrikarbeiter, die, durch die Ankunft der Russen ermutigt, nun zu ihren versteckten Waffen gegriffen hatten. Als unsere Flüchtlinge in ihre Reichweite kamen, wurden sie von ihnen beschossen, was wir ihnen herzlich gönnten. Zwei von ihnen ergaben sich, einer flüchtete abseits und entschwand unseren Blicken.

Hin und wieder beobachtete ich, was an der oberen Brücke vor sich ging. Vom Augenblick der russischen Besetzung an lief ein ununterbrochener Strom von Fahrzeugen, Panzern, Geschützen und Truppen darüber hinweg. Ich sah, wie diese Kolonnen in weitem Bogen südostwärts stießen. Es war mir klar, dass sich dort drüben, ostwärts der Oder, eine neue große Umzingelung deutscher Truppen abzeichnete. Ich fragte mich, ob es da noch sinnvoll sei, die Oder wieder nach Osten hin zu überschreiten. Man tappte doch damit nur in eine weitere Umklammerung hinein und fiel unter Umständen noch den tschechischen Partisanen in die Hände. Als ich meine Bedenken einem der Offiziere mitteilte, meinte dieser, wir müssten unter allen Umständen da hinüber. Da befinde sich unser Nachschub und da lägen noch viele deutsche Divisionen. Als ich meinte, diese könnten ja bereits eingekesselt sein, sagte er, das gehe nicht so schnell.

Es war ein furchtbarer Nachmittag, den wir verlebten. Schon am Tage zuvor hatten wir nichts zu essen gehabt. Die Erregung und Nervenanspannung ließ uns zwar den Hunger nicht spüren. Allmählich aber fühlten wir uns doch dringend einer Stärkung bedürftig. Trotzdem hielten wir erbittert mit der noch vorhandenen Munition den selbst gebildeten Verteidigungsring und wehrten die Angriffe der Russen auf unser Waldstück ab. Diese aber schleuderten Geschoss auf Geschoss in unseren engen Raum. Manche unserer Leute mussten an diesem Nachmittag noch ihr Leben lassen. Die Verwundeten schleppten wir in einen langen tunnelartigen Gang, der in den Berg hineingebaut war und wahrscheinlich den Eingang zu einem Bergwerkstollen bildete. Da lagen sie in langen Reihen resigniert und stöhnend beieinander. Sie wussten wohl, dass sie in ein paar Stunden in den Händen der Russen sein würden. Einer, den ich da hineintrug, brach darüber geradezu in Verzweiflung aus. Er schrie ununterbrochen, dass es zum Erbarmen war: »Nehmt mich doch mit! Nehmt mich doch mit!« Mittlerweile war ein russischer Oberleutnant gefangen genommen worden. Er soll ausgesagt haben, seine Kompanie sei nur noch acht Mann stark. So begannen wir zu hoffen, dass wir bis zum Abend würden durchhalten können.

Endlich begann es zu dunkeln. Ich lag in einem Granatloch am Westrand unseres Verteidigungsrings und wartete mit den anderen an diesem Abschnitt darauf, dass wir eingesammelt würden. Aber wir erhielten kein Zeichen zum Aufbruch. Es war ja auch keine rechte Führung mehr vorhanden. Als ich zurückging, um zu sehen, was los wäre, fand ich alle schon auf dem Abmarsch. Rasch holte ich die andern aus der Stellung herbei. Das feindliche Feuer hatte nachgelassen. Wir schlossen uns den Abmarschierenden an, die von einigen Offizieren angeführt wurden. Unser Gepäck hatten wir uns jetzt so leicht wie möglich gemacht. Was nicht unbedingt nötig war, ließen wir zurück. Meinen Telefonapparat und meine schwere Rolle Feldkabel hatte ich weggeworfen. Ich hatte das sichere Gefühl, dass wir diese Dinge nicht mehr brauchen würden und dass für uns jetzt der Krieg zu Ende komme. Aber viele von uns hatten noch nicht begriffen oder konnten nicht begreifen, welche Stunde es geschlagen hatte. Unbeirrt und tapfer trugen unsere Maschinengewehrschützen und Granatwerferleute ihre Lafetten, Rohre und Bodenplatten auf dem Rücken in die Nacht hinein. In einer langen Reihe ging es lautlos einen schmalen Pfad durch den Wald hinab an die Oder. Ohne bemerkt zu werden, gelangten wir an das Ufer des Flusses. Eine Furt war an diesem Abschnitt zwischen den beiden Brücken nicht vorhanden. Auch kein Boot. Das offenbar einzige hatte ja unser Chef zur Flucht benützt.

Nun arbeiteten wir uns in einer lang gestreckten Reihe am Ufergebüsch entlang der unteren Brücke zu. Mit Genugtuung stellten wir fest, wie hinter uns die Russen noch vereinzelte Granaten in das von uns geräumte Waldstück hineinschossen. Als wir dann mit der Vorhut an die Brücke herangekommen waren, legten wir uns beobachtend ins Gebüsch. Eine nähere Erkundung ergab, dass die Brücke sehr stark bewacht war. Und wie am Tage, so zogen auch jetzt bei Nacht ununterbrochen die russischen Kolonnen über die Oder hinweg. Vielleicht hätte sich da der eine oder andere in der Dunkelheit unerkannt hinein- und hinüberschmuggeln können. Für ein paar Hundert Mann war dies aber unmöglich. Da fiel uns auf, dass plötzlich jener Hauptmann mit dem Ritterkreuz und Ledermantel verschwunden war. Er hatte immer das große Wort geführt und so getan, als werde er uns alle herausführen. Also auch er hatte uns im Stich gelassen. Wir sollten also nur deshalb den Tag über durchhalten, damit er am Abend seine eigene Haut retten könnte. Von da an versuchten auch andere Offiziere, kleine Gruppen zu bilden und sich vom großen Haufen abzusetzen. Ich hielt mich aber immer wieder streng in ihrer Nähe und versuchte zu verhindern, dass man uns kleine Soldaten in einer so notvollen Situation sich selbst überlassen wollte, und äußerte offen meinen Unmut.

Nun schaffte sich der lange Zug wieder am Ufer entlang hinauf zur anderen Brücke. Man musste dabei sehr vorsichtig sein, denn die Russen suchten patrouillierend das Gelände ab oder bauten Telefonleitungen. Als wir dann die andere Brücke erreicht hatten, bot sich uns dasselbe Bild. Sie war durch starke Wachen gesichert, und endlos schoben sich die russischen Kolonnen darüber hinweg. Entmutigt zogen wir uns wieder zurück. Einzelne Gruppen begannen nun, sich abzusondern, setzten sich ins Gras und erklärten, sie seien so entkräftet, dass sie nicht mehr weiterkönnten. Sie wollten sich, wenn der Tag heraufkomme, den Russen gefangen geben.

Dann wurde auf einmal der Vorschlag gemacht, die Oder schwimmend zu überqueren. Ein Oberleutnant unserer Einheit, Oberleutnant Puberitz, stellte sich jetzt führend an die Spitze. Er war ein feiner Mensch, in dieser Nacht aber auch ganz verwirrt. Dem Hinüberschwimmen widersetzten sich viele, besonders die Nichtschwimmer. Da beschloss man, ein Seil zu machen und es von einem Ufer zum andern zu spannen, damit sich die Nichtschwimmer daran hinüberhangeln könnten. Schnell wurden dann alle verfügbaren Schnüre und Stricke zu einem langen Seil zusammengebunden. Ich äußerte meine Bedenken über den Wert dieser Aktion, denn ich fand das Seil so dünn und schwach, dass es bei einer größeren Belastung bestimmt zerreißen müsste. Als man dies einsah, wurde der Vorschlag gemacht, eine Anzahl von Zeltbahnen zusammenzuknöpfen und sie zu einem Seil zu drehen. Rasch wurde dies ausgeführt. Inzwischen machte sich der Adjutant des Oberleutnants, Leutnant Bansemer, zum Hinüberschwimmen fertig und band sich das eine Ende des Seils um die Brust. Mutig stieg er in das kalte Wasser. Oberleutnant Puberitz gab, unterstützt von mir und einigen anderen, das Seil stückweise nach, so wie sich der Schwimmer entfernte. Wir merkten jedoch bald, dass dieser infolge der Strömung stark abgetrieben wurde. Würde er dagegen ankommen? Würde unser Seil lang genug sein? Wir konnten in der Dunkelheit nicht genau sehen, wie weit der Schwimmer gekommen war. Da fing dieser plötzlich laut zu rufen an: »Lasst los! Lasst los!« Wir merkten, dass er zu ertrinken drohte, und wollten ihn am Seil wieder zurückziehen. Da riss die Schnur, mit der er sich das Seilende um den Leib gebunden hatte. Noch ein paar Hilferufe, dann war es still. Vielleicht war für ihn die Strömung zu stark. Vielleicht hatten ihn auch seine nassen Kleider und Schuhe in die Tiefe gezogen. Als Oberleutnant Puberitz das Seil wieder aus dem Wasser zog und die abgerissene Schnur sah, tat er ganz verzweifelt. Er musste seinen Adjutanten gern gehabt haben.

Die Hilferufe des Leutnants hatten uns zunächst alle erschreckt. Aber nach der kurzen Stille brach unter uns eine große Unruhe und Bewegung aus. Panikartig sprangen einige auf eigene Faust ins Wasser, um schwimmend das andere Ufer zu erreichen. Die meisten davon versanken schon nach einigen Metern lautlos im dunklen Wasser, die anderen wurden auf der Mitte des Flusses stark abwärtsgetrieben und schrien verzweifelt um Hilfe, bis das Rufen in gurgelnden Lauten erlosch.

Die Russen waren durch das laute Geschrei aufmerksam geworden. Sie schossen einige Leuchtkugeln hoch und suchten das Gelände ab. Wir mussten verschwinden, wenn wir hier nicht in ihre Hände fallen wollten. Nach dem missglückten Unternehmen war uns auch jegliche Lust zum Überschwimmen der Oder genommen. Vor dem Weitergehen rissen sich rasch noch einige um ihre ausgeliehenen Zeltbahnen. Dann liefen wir wieder ratlos am Ufer entlang. Unser Zug wurde aber immer kleiner, weil sich immer wieder kleine Gruppen absonderten mit der Bemerkung, sie wollten lieber die Gefangenschaft riskieren. Wir waren jetzt noch etwa 150 Mann, die zusammenhielten. Jetzt sollte noch ein anderer Versuch unternommen werden, nämlich den Fluss an einer Furt zu überqueren. Irgendeiner wollte wissen, dass in dieser Gegend die Oder an einer seichten Stelle überschritten werden könne. Wo jedoch diese Furt war, wusste niemand genau. Sie musste wohl oberhalb der Brücke sein. So schlängelten wir uns eben wieder flussaufwärts. Dies wurde aber immer gefährlicher. Überall streiften jetzt die hellhörig gewordenen Russen herum. Einigen liefen wir direkt in die Hände. Als sie fragten, ob wir Russen oder Deutsche seien, antwortete einer von uns auf Russisch, wir seien Russen. Dies konnten sie bei der Dunkelheit nicht unterscheiden und ließen uns weitergehen. Der lange Zug machte sie jedoch stutzig und sie fragten die Letzten nochmals. Als diese ihnen nicht auf Russisch antworten konnten, fingen sie an zu schießen. Daraufhin beschleunigten wir unsere Schritte und versuchten, uns im Gewand der Nacht zu verbergen.

Da trafen wir auf einen tschechischen Jungen, der sich da im Gelände herumtrieb. Wir dachten, er könnte uns die Furt zeigen, aber er beteuerte, er wisse es nicht. Dann stießen wir auf einen einzelnen Russen, der sofort entwaffnet und gefangen genommen wurde. Er wusste offenbar, wo die Furt war: nicht zwischen den beiden Brücken, sondern weiter flussaufwärts. So beschloss man, die Brücke in weitem Bogen zu umgehen und mit dem Gefangenen die Furt zu finden. Dabei musste man aber die zur Brücke führende und stark belebte Straße überqueren, über die ununterbrochen der russische Transport rollte. Und dies wollte absolut nicht gelingen.

Ich bekam immer weniger Lust, dieses kopflose und sinnlose Abenteuer noch länger mitzumachen. Ich sprach mit dem Oberleutnant Puberitz und wies darauf hin, dass es doch eine unverständige und verkehrte Sache sei, wenn man die Oder nach Osten hinüberschreiten wolle. Man könne es doch an dem Nachschub ablesen, dass wir dabei nur den Russen in die Hände liefen. Ich meinte, wir sollten froh sein, dass wir auf dem Westufer der Oder stünden. Es sei doch sicher besser und hoffnungsvoller, einfach nach Westen zu marschieren, bis man wieder auf deutsche Truppen stoße, auch wenn es erst in Bayern sei. Aber er ließ sich nicht umstimmen. Er meinte, wir könnten uns nur durch den Übergang über die Oder retten. Dann äußerte er wieder ganz mutlos, er habe im Sinn, sich zu erschießen. Er wolle nicht in russische Gefangenschaft kommen. Daraufhin sprach ich mit meinem Feldwebel. Auch er versuchte, den Oberleutnant zu einer anderen Marschrichtung zu bewegen, jedoch vergebens. Von da an hielten wir beide uns noch enger zusammen. Wir glaubten, es sei nun bald der Augenblick gekommen, wo wir unsere eigenen Wege gehen sollten.

Die Russen mussten nun aber doch unserem Herumtreiben näher auf die Spur gekommen sein. Immer wieder erhellten Leuchtkugeln das Gelände. Immer näher war auch vereinzeltes Maschinengewehrfeuer hörbar. Wir hatten das Gefühl, dass da eine nächtliche Umzingelung unserer Gruppe im Gange sei. Dies löste auf einmal eine große Unruhe aus und wir wussten nicht mehr, in welche Richtung wir gehen sollten. In diesem ausbrechenden Durcheinander, in dem wir über Löcher und Gräben stolperten, stand plötzlich einer vor mir und sagte: »Kommet, ich zeig euch den Weg.« Ohne weiter zu überlegen, folgte ich ihm und rief den andern zu: »Kommet, da ist einer, der sich auskennt.« Es war seltsam, wie rasch alle folgten. Aber in solchen Situationen greift man nach jeder Hand, die Hilfe verspricht. Zunächst ging es etwas hin und her, dann immer geradeaus! Allmählich wurde es ruhiger um uns herum und dann standen wir an der Straße, die zur Brücke führte und den ganzen Abend so belebt war. Jetzt war sie wie leer gefegt. Wir konnten sie ohne Behinderung überqueren und marschierten immer weiter. Der Mann vor mir musste mit den Örtlichkeiten vertraut sein. Jetzt erst begann ich zu überlegen, wer das wohl sein könnte. Er sprach kein Wort. Ich musterte ihn in der Dunkelheit von hinten. Er trug einen uniformartigen Anzug und eine dementsprechende Schildmütze. Aber es war alles nicht deutscher Art, auch nicht russischer. Es waren auch keine militärischen Zeichen zu erkennen. Vielleicht war es ein Tscheche aus der Gegend.

Während ich an der unbeirrt und zielsicher vorangehenden Person herumrätselte, kamen Offiziere nach vorne und wollten den Zug stoppen. Wir hätten die falsche Richtung und wer denn da überhaupt anführe. Als ich auf den Unbekannten verwies, reagierten sie aufgebracht. Das sei sicher einer, der uns in die Hände der Russen spielen wolle. Wir dürften doch nicht nach Westen laufen, sondern müssten sofort umkehren, in Richtung Osten zur Oder hin, und dort die Furt suchen. Während unserer Auseinandersetzung war plötzlich der Unbekannte verschwunden. Es wurde sofort »Kehrt Marsch!« befohlen und der gefangene Russe an die Spitze gestellt. Er sollte die Furt zeigen.

Es war mir bei dieser Richtungsänderung mehr als

unwohl. Ebenso ging es meinem Feldwebel, mit dem zusammen ich mich jetzt an den Schluss des Zuges stellte. Was wollte man denn eigentlich? Wir waren doch auf eine geradezu wunderbare Weise aus der Gefahrenzone herausgeführt worden. Ich wusste zwar nicht, wer der Unbekannte war. Aber mehr und mehr wuchs in mir die Überzeugung, dass wir hier eine wunderbare Führung erfahren hatten. Und das sollten wir jetzt wieder verspielen?

Bald sahen wir in dem nächtlichen Dunkel vor uns schwankende Lichter und hörten russische Kommandorufe, Motorengeräusch und dumpfes Schlagen und Stampfen. Da waren sicherlich wieder russische Pioniere am Werk. Nach Aussage des russischen Gefangenen war hier auch die Furt. Als wir ziemlich nahe herangekommen waren, wurde beschlossen, notfalls in zusammengefasstem Feuer die Furt handstreichartig zu nehmen. Die Leute mit Schnellfeuerwaffen wurden an die Spitze gestellt. Alle sollten ihre Karabiner schussbereit machen. Der gefangene Russe sollte als Erster über die Furt vorangehen. Würde man von den Russen angerufen, dann sollte man einfach stur weiterlaufen. Würde man aber erkannt, dann sollte man aus allen Rohren schießen und so den Feind überraschen. Ich hielt dieses Unternehmen für so kopflos und gefährlich wie die Sache mit dem Hinüberschwimmen. Daher fragte ich meinen Feldwebel, ob wir da überhaupt noch mitmachen wollten, und überlegte mit ihm, wohin wir im Falle eines Fehlschlags entweichen könnten.

Der Zug setzte sich langsam und vorsichtig in Bewegung. Jetzt hatten die Vordersten die Furt erreicht. Auf einmal fing der Gefangene laut zu schreien an und sofort eröffneten die dort postierten Russen ein mörderisches Feuer, das teilweise von unserer Seite erwidert wurde. Es war aber klar, dass hier kein Durchkommen möglich war. Zugleich merkte ich, dass wir auch von hinten her eingekreist und Maschinengewehre in Stellung gebracht wurden. Leuchtkugeln erhellten wieder die Nacht. Ich konnte gerade noch den Nahestehenden zurufen: »Schnell hier weg!«, da pfiffen schon die Kugeln von hinten her. Ich eilte in die Richtung, die mir noch offen schien. Es war aber ein Wettlauf mit den Russen, die uns den Rückweg abschneiden wollten. Nahe am Ufer der Oder wäre wohl mehr Deckung gewesen. Ich wollte aber der sich schließenden Umklammerung entkommen und rannte lieber über das deckungslose Gelände von der Oder weg nach Westen, dorthin, wo uns der Unbekannte verlassen hatte. Mehrere Kameraden folgten mir. Da warf sich ein russischer Maschinengewehrschütze etwa 20 Meter hinter uns nieder und streute seine Kugeln hinter uns her. Ich weiß nicht, ob und wen es traf. Mit der Hergabe aller Kräfte liefen wir davon. Ich hatte dabei das seltsame Gefühl eines wundersamen Beschütztseins. Nach etwa einem halben Kilometer erreichten wir an einem Bahngeleise ein kleines Wärterhaus. Dahinter suchten wir Deckung und wollten einen Augenblick verschnaufen. Wir waren noch 10 Mann, die der Katastrophe an der Furt entkommen konnten. Mein Feldwebel war dabei. Drüben aber an der Oder hörte man noch eine Zeit lang heftiges Schießen und lautes Geschrei. Erst allmählich wurde es ruhiger. Nur erregte russische Stimmen und Kommandorufe waren noch zu vernehmen. Wahrscheinlich bedeutete dieser versuchte Furtübergang für unsere Kameraden dort den Tod oder den Weg in die Gefangenschaft.

Es war mir klar, dass wir nur kurz verweilen durften. Also drängte ich zu raschem Aufbruch und Weitermarsch. Es waren noch knapp zwei Stunden bis zum Tagesanbruch. Diese kurze Spanne Zeit wollte ich dazu benützen, noch möglichst weit wegzukommen und einen geeigneten Platz zu finden, wo wir uns den Tag über verbergen konnten. Diesen Vorschlag machte ich den anderen Kameraden. Aber die meisten von ihnen waren entkräftet, willenlos und ohne klare Zielvorstellung. Sie konnten noch nichts damit anfangen, dass sie nun führungslos auf sich selbst gestellt sein sollten. Manche fürchteten auch, wir könnten in Minenfelder hineinlaufen. So stellte ich mich eben an die Spitze des

Häufleins, von dem ich nur meinen Feldwebel persönlich kannte, und ging in westlicher Richtung querfeldein. Nach einer halben Stunde sahen wir in der Dunkelheit ein Gehöft vor uns liegen. Wir wollten es im Bogen umgehen. Doch waren einige von uns zu laut gewesen und wir wurden plötzlich von dem Gehöft her beschossen. Als wir uns an einem geschützten Ort wieder gesammelt hatten, erklärten die meisten, sie wollten nicht mehr weiter mitgehen und eine andere Richtung einschlagen. Ich hatte nichts dagegen und war der Meinung, je kleiner unsere Gruppen seien, umso leichter wäre das Durchkommen. Also sonderten sich sieben Mann ab. Bei mir blieben noch mein Feldwebel von unserem Nachrichtentrupp, ein bayerischer Forstbeamter aus der Münchner Gegend, und ein Unteroffizier, ein Kaufmann aus Konstanz, der auch zu unserer Kampfgruppe gehörte. Wir drei blieben beisammen und waren gewillt, in westlicher Richtung einmal die Heimat zu erreichen.

Auf dem Weitermarsch kamen wir an ein Dorf, das wir nicht recht umgehen konnten, weil es zu weit zerstreut lag. So schlichen wir eben wie die Katzen mitten hindurch. Dann suchten wir nach einer geeigneten Deckung im Gelände, fanden aber nichts. Es war kein Wald vorhanden. Wohl gab es viele Stellungsgräben und Erdlöcher, in denen noch die Gefallenen lagen. Doch glaubten wir uns darin nicht genügend geschützt, weil man damit rechnen musste, dass dieses Kampfgelände tagsüber abgesucht werden würde. Es war jedoch schwer, ein besseres Versteck zu finden. Schon zeigte sich die Morgendämmerung. Da standen wir an einem kleinen Steinbruch, dessen Abhänge mit Ginstergesträuch bewachsen waren. Es war zwar nicht so hoch, dass wir darin hätten stehen können, ohne gesehen zu werden. Wir waren aber todmüde und unfähig weiterzugehen. Die Strapazen der vergangenen Tage und Nächte kamen jetzt voll zur Auswirkung. Deshalb überlegten wir nicht lange, suchten das dichteste Gebüsch aus, krochen hinein und legten uns ganz ermattet auf den nassen Boden. Jetzt, da sich die Nerven wieder etwas entspannen konnten, packte uns ein unheimlicher Hunger. Es war dies der dritte Tag, seit wir keine Verpflegung mehr erhalten hatten. Unsere eisernen Rationen waren längst aufgebraucht. Ich hatte mir aber eine solche für die äußerste Not reserviert, eine kleine Konservendose und eine Scheibe Knäckebrot. Von diesem Vorrat aßen wir dann miteinander die Hälfte, sodass es jedem einen schmalen Bissen reichte. Den Rest wollten wir dann am Abend vor dem Weitermarsch verzehren. Dann fielen uns vor Müdigkeit und Schwäche die Augen zu.

Der Fußmarsch nach Hause beginnt mit neuen Gefahren

1. Mai

Nach wenigen Stunden jedoch schreckten wir wieder auf, als wir in der Nähe Menschenstimmen vernahmen. Wir verstanden die Sprache nicht. Es musste sich wohl um Tschechen handeln. Vorsichtig streckten wir unsere Köpfe aus dem Gebüsch und konnten beobachten, wie da zahlreiche Männer, Frauen und Kinder die Stellungsgräben rings um den Steinbruch nach Decken, Riemen, Waffen, Kochgeschirren und anderen Überbleibseln aus den Kampftagen absuchten. Manche hatten Hunde bei sich und wir hatten Sorge, diese könnten uns aufspüren und verraten. Die Stimmen, die uns geweckt hatten, kamen nämlich von Leuten, die in nur drei Meter Entfernung auf einem Trampelpfad an uns vorbeigelaufen waren, den wir nicht bemerkt hatten, als wir uns hier niederlegten. Wir stellten außerdem fest, dass ganz in der Nähe eine Ortschaft lag, aus der die Bewohner scharenweise herauskamen. Und nur zweihundert Meter entfernt führte eine russische Nachschubstraße vorbei. Wir befanden uns also in einer äußerst gefährlichen Lage, saßen wie in einer Falle und hatten keinerlei Bewegungsspielraum. Eine lähmende Angst und Mutlosigkeit fiel erneut über uns. Da war es doch wie ein Wunder, dass wir die vergangene Nacht heil überstehen konnten. Und jetzt drohte ein neues unberechenbares Unheil. Warum waren wir denn in der Nacht nicht weitermarschiert? Wir überlegten, ob wir nicht einfach ausbrechen und weglaufen sollten. Aber wohin? Wir sahen keinen Wald in der Nähe oder einen anderen Unterschlupf. Wir mussten auch damit rechnen, dass wir in unseren Uniformen sofort als deutsche Soldaten erkannt würden. Und bei einer Verfolgungsjagd durch die vielen Menschen, die das Gelände ringsum bevölkerten, hätten wir wohl keine Aussicht gehabt zu entkommen. Wir fühlten uns auch viel zu kraftlos. So duckten wir uns wieder resigniert ins Ginstergesträuch.

Es war der 1. Mai und wir erwarteten, dass sich die Zivilisten den ganzen Tag über hier auf dem Gelände herumtreiben würden. Und so war es auch. In einer neuen, jäh erwachten Nervenanspannung brachten wir die Stunden hin und pressten uns stumm an den Boden. Aber gegen Mittag schnupperte ein Hündchen durch das Gebüsch und fing, als es uns da liegen sah, aufgeregt zu bellen an. Und schon taten sich die Zweige über uns auseinander und zwei Tschechen standen vor uns. Sie waren zunächst so überrascht wie wir. Wir versuchten zwar, unseren Schrecken zu verbergen, und einer von uns bot ihnen gleich eine Armbanduhr an. Dann fragten wir, ob sie Deutsch verstünden. Der eine bejahte und sagte, er habe schon mehrere Jahre in Deutschland gearbeitet. Nun duckten sie sich zu uns ins Gebüsch herab, damit nicht auch andere Leute auf uns aufmerksam würden. Wir gaben ihnen Zigaretten, schilderten unsere Situation und baten sie, sie sollten uns doch nirgends anzeigen. Wir hätten ja nur noch eines im Sinn, zu unseren Familien nach Hause zu kommen. Sie versuchten uns aber zu überreden, uns den Russen zu übergeben. Die Gefangenen würden nicht schlecht behandelt. Es sei nicht weit bis zur Kommandantur. Da wollten sie uns hinführen und sich für uns einsetzen. Es sei überdies unmöglich durchzukommen, weil alles dicht von den Russen besetzt sei und das Gelände laufend nach verborgenen deutschen Soldaten abgesucht werde. Wenn wir dabei aufgegriffen würden, sei es für uns viel gefährlicher, als wenn wir jetzt mitkämen. Und ohne Nahrung könnten wir doch auch nicht auskommen. Wir gingen aber nicht auf ihre Vorschläge und Bedenken ein und befragten sie über unsere weitere Marschrichtung. So erfuhren wir, dass wir nach einigen Kilometern die Oppa, einen Nebenfluss der Oder, zu überschreiten hätten. Man könne aber auch hinüberschwimmen. Zum Schluss gaben sie uns noch den dringenden Rat, unsere Karabiner, die sie neben uns liegen sahen, ja nicht weiter mitzunehmen. Die Russen würden jeden als Partisanen betrachten und erschießen, den sie in ihrem besetzten Gebiet in Waffen anträfen. Wir baten sie nochmals in menschlicher Herzlichkeit, ihre Begegnung mit uns geheim zu halten, und entließen sie mit einer weiteren Spende von Rauchwaren.

Unsere Herzen waren für den Augenblick von großer Dankbarkeit darüber erfüllt, dass dieses Ereignis so gnädig an uns vorübergegangen war. Nur ein einziger lauter Ruf und Wink hätte genügt, um die auf der Straße fahrenden und marschierenden russischen Soldaten herbeizuholen. Trotzdem verbrachten wir die folgenden Stunden in wachsender Sorge. Wir wussten ja nicht, was die beiden Tschechen tun würden. Der Deutsch sprechende war ein liebenswürdiger Mensch. Der andere zeigte sich weniger freundlich und rechtete heftig gestikulierend mit seinem Freund. Wir verstanden zwar nicht, was er sagte. Aus seinem Mund kam aber immer wieder das Wort »Kommandantur«. So waren wir keinen Augenblick sicher, ob nicht doch ein Kommando daherkäme, um uns abzuholen. Wir wussten nicht, was wir dann tun sollten. Unsere Waffen jedenfalls warfen wir in diesem Augenblick noch nicht weg. Nochmals überlegten wir, ob wir nicht doch einen Ausbruch wagen sollten. Ein vorsichtiger Rundblick im Gelände, das jetzt noch stärker bevölkert war als vor einigen Stunden, ließ uns aber rasch verzichten.

In der beklemmenden Angst und Trostlosigkeit schlug ich das Losungsbüchlein auf und las die Tageslosung vor. Da stand: »Als du dein Antlitz verbargst, erschrak ich« (Ps. 30,8). Ja, so war es. Wie gottverlassen, erschrocken und hilflos lagen wir wie Gefangene im Ginstergebüsch. Aber dann las ich den dabeistehenden Lehrtext: »Lasset euch die Hitze, die euch begegnet, nicht befremden« (1. Petr. 4,12). Und die Losung für den folgenden Tag lautete: »Der Geliebte des Herrn wird sicher wohnen; allezeit wird er über ihm halten« (5. Mose 33,12). An diese Worte klammerten wir uns und schlossen daraus, dass wir die »Hitze« überstehen und morgen sicherer »wohnen« würden, dass uns also Gott aus dieser Not herausholen werde. Ich konnte mir denken, dass auch bei den beiden Tschechen eine stundenlange, unruhige Auseinandersetzung darüber stattfand, ob sie uns anzeigen sollten oder nicht. Deshalb war auch in mir ein ständiges Rufen zu Gott, der die Herzen der Menschen lenken kann, er möge uns doch beschützen und retten.

Als die ersten Nachmittagsstunden vorübergegangen waren, ohne dass etwas geschah, atmeten wir langsam auf. Dann gingen wir miteinander zu Rat. Wir hoben die militärischen Dienstgrade, die jetzt bedeutungslos geworden waren, untereinander auf, tauschten unsere Vornamen aus und beschlossen, in enger Kameradschaft beieinanderzubleiben. Wir wollten auf keinen Fall freiwillig in russische Gefangenschaft gehen, weil wir nicht wussten, ob sie uns nicht doch als Partisanen behandeln und erschießen würden, und weil wir das Unberechenbare einer solchen Gefangenschaft überhaupt fürchteten. Würden wir durchkommen? Schon dieser erste Tag hatte uns gezeigt, wie schwer und gefährlich ein solches Unternehmen ist. Wir glaubten aber, mit Gottes Hilfe müsse es gelingen. Würden wir Nahrung finden? In dieser Jahreszeit gab es auf den Feldern keine Früchte und in den Wäldern keine Beeren. Ich meinte dazu, der Gott, der die Vögel unter dem Himmel ernähre, könne auch dieses Problem für uns lösen. Hatten wir Kartenmaterial? Ich besaß nur eine kleine Landkarte, Ludwig, der Kaufmann, eine etwas größere. Doch auch da waren nur die größten Städte und Flüsse eingezeichnet. Da wir aber die Flüsse für die größten landschaftlichen Hindernisse hielten, wollten wir uns auf unserem künftigen Marschweg zunächst einmal durch das Sudetenland hindurch direkt westlich halten bis zum Oberlauf der March und von dort ab südwestlich quer durch die Tschechoslowakei dem Bayerischen Wald zu. Ohne Ahnung von etwa auftretenden Schwierigkeiten rechneten wir in unserem Optimismus, dass wir in etwa vier Wochen zu Hause sein könnten. Rudolf, der Förster, hatte einen Kompass bei sich. So wollten wir also mutig die Reise wagen.

Den Tag über hatten wir den quälenden Hunger nicht verspürt, weil uns die Gefahren in dauernder Erregung hielten. Als es aber zu dunkeln anfing und wir uns für diesen Tag gerettet glaubten, forderte der Magen wieder stürmisch sein Recht. Ich holte den vom Morgen aufbewahrten Rest unserer Nahrung hervor und verteilte ihn. Es reichte wieder jedem eine Messerspitze Fleisch und ein paar Brosamen Knäckebrot. Doch das war ja nur wie ein kleiner Wassertropfen auf einen heißen Stein. Außerdem plagte uns ein brennender Durst. Obwohl wir uns jetzt in den dunkelnden Abend hinein hätten aufmachen und weitergehen können, hatten wir dazu weder Willenskraft noch körperliches Vermögen. Eine große Mattigkeit überfiel uns. Krampfhaft pressten wir die Fäuste gegen den schmerzenden Leib, kuschelten uns in der aufkommenden Kälte eng aneinander, damit es uns nicht zu sehr fror, und fielen auch sofort in einen tiefen Schlaf.

Unbehaust und doch geborgen –
Mittellos und doch wunderbar
ernährt

2. Mai

Als ich erwachte, war es eine Stunde nach Mitternacht. Es regnete. Als Decke und Kleider durchnässt waren, hatte mich die feuchte Kälte aufgeweckt. Dies war gut so. Denn sofort stand mir wieder unsere gefahrvolle Lage vor Augen. Wir mussten schnell von hier weg. Ich weckte die beiden und drängte zum Aufbruch. Dann zerlegten wir unsere Waffen und stampften die einzelnen Teile in den Boden oder warfen sie ins Gebüsch. Wir brauchten sie nicht mehr und andere sollten sie auch nicht mehr gebrauchen können. Es war ein schwieriges Vorwärtskommen in dem aufgeweichten Lehmboden. Dazu war das ganze Gelände von den Kriegshandlungen her mit Gräben, Schützenlöchern und Stacheldraht überzogen, sodass wir immer wieder rutschten, stolperten und stürzten. Wir überquerten dann eine Straße, wo wir aus dem Graben Wasser tranken, und gingen dann lange Zeit an einem Drahtverhau entlang, der wohl zur Ortsverteidigung angelegt worden war, an dem aber auch leere Konservendosen hingen. Dies war ja das Zeichen für Minengefahr. Wir konnten allerdings nicht wissen, auf welcher Seite der Drahtsperre die Minen eingegraben und ob sie überhaupt noch da waren. Da lief ich eben wie in der Nacht zuvor den anderen einige Schritte voraus, um sie zu beruhigen. Rudolf war sehr vorsichtig und überaus ängstlich veranlagt. Ludwig aber sagte, er sei nachtblind und könne den Weg nicht deutlich sehen. Er ging deshalb meist am Schluss des Zuges unseren beiden Schatten nach.

Wir kamen dann an einen Wald, aber es war zu dunkel, um darin marschieren zu können. So gingen wir denn am Waldrand entlang. Auch da stießen wir auf Stellungsgräben. Hie und da stolperten wir noch über die Leichen Gefallener. Die Kämpfe mussten wohl erst vor Kurzem über dieses Gelände hinweggegangen sein. Plötzlich endete der Wald. Wir konnten erkennen, dass sich ein helles Flussband durch die dunklen Wiesen hinzog und in der Nähe eine Ortschaft lag. Dieser Fluss musste also die Oppa sein. Einen Steg oder eine Brücke aber konnten wir in dem nächtlichen Dunkel nicht erkennen. Weil wir den schützenden Wald nicht verlieren wollten, gingen wir wieder am Waldrand zurück.

Als wir dabei über einen Acker liefen, kam mir eine Erleuchtung. Dies konnte wohl nach der Art seiner Bestellung ein Kartoffelacker sein. Vielleicht konnte man hier Saatkartoffeln finden. Sofort begann ich zu graben und fand zu unserer großen Freude und Überraschung, was ich vermutete. Ganz beglückt über diese Entdeckung, begannen wir nun zu dritt zu suchen. Gierig scharrten wir wie Hunde diese kostbaren Früchte mit den Händen aus der Erde und sammelten sie in einen leeren Wäschebeutel. Als wir so viel beieinanderhatten, dass etwa zwei Kochgeschirre damit gefüllt werden konnten, begann es zu tagen und wir verbargen uns im Wald. Sofort begannen wir, unsere Kartoffeln zu schälen und roh zu essen. Aber diese Mahlzeit wollte nicht recht schmecken. Der Magen, der doch ein wildes Verlangen nach Nahrung hatte, zeigte gegen dieses Angebot einen Widerstand bis zum Erbrechen. Da waren die jungen Birkentriebe und Buchenblätter doch noch besser, die wir dann von den Zweigen zupften und aßen. Auch Baumrinde war gut zu kauen. Dann legten wir uns in ein Tannendickicht, wo wir gegen den neu einsetzenden Regen etwas geschützter waren, und ruhten einige Stunden aus.

Am Nachmittag ratschlagten wir. Wir mussten über die Oppa hinweg, die da drunten, fünfzig Meter von unserem Rastplatz entfernt, dahinfloss. Der Wald reichte bis an ihr Ufer. Jenseits aber war offenes Wiesengelände und eine Straße. Wir mussten also vorsichtig sein. Ich schlich mich einmal den Hang hinab und probierte mit einer Stange, wie tief das Flüsschen am Ufer war. Mein gut drei Meter langer Messstab reichte aber an dieser Stelle nicht bis zum Grund. Wie sollten wir hinüberkommen? Dem Schwimmen widersetzte sich Ludwig, weil er Nichtschwimmer war. Die Erlebnisse an der Oder saßen uns auch noch abschreckend im Gedächtnis. Eine Brücke oder ein Boot aber waren nicht vorhanden. So beschlossen wir, aus den im Wald herumliegenden Stangen ein Floß zu bauen und damit über den Fluss zu setzen. Wir machten uns sofort an die Arbeit und trugen das Holz zusammen. Dann suchten wir im Gelände nach Feldkabel, weil wir ja weder Hammer noch Nägel hatten. Damit wollten wir die Stangen abends am Fluss drunten zusammenbinden.

Durch das Zusammentragen der Hölzer waren wir sehr müde geworden. Wir spürten immer deutlicher Anzeichen von Schwäche und ich fragte mich, ob wir dies so wochenlang würden durchhalten können. In unserem Hunger beschlossen wir dann, auf Gedeih und Verderb hin ein Wagnis zu unternehmen. Wir wollten unsere Kartoffeln abkochen, denn wir fürchteten, der Genuss dieser rohen Knollen könnte unserer Gesundheit schaden. Wie gut war es, dass wir Feuerzeuge bei uns hatten. Wir sammelten Reisig und Holz, das allerdings vom Regen ganz durchnässt war. Als wir es in einem Schützenloch anzündeten, entwickelte sich ein unerwartet starker Rauch, sodass wir einige Male nahe daran waren, das Feuer wieder auszutreten. Aber das Verlangen nach einer gekochten Kartoffel war schließlich doch stärker als die Furcht. Unser Hunger hatte jetzt einen solchen Grad erreicht, dass wir dann doch noch lieber in Gefangenschaft kommen als elendiglich verhungern wollten. So hängten wir ein Kochgeschirr mit Kartoffeln über das Feuer, in einem zweiten kochten wir Kaffee. Wie froh war ich jetzt an einem Paket Kaffee-Ersatz, das ich einige Tage zuvor bei Zivilisten gegen ein paar Zigaretten getauscht hatte. Ich kann es nicht beschreiben, wie herrlich uns die warme Mahlzeit schmeckte. Wir hatten zwar keinerlei Beilagen, nicht einmal Salz, waren auch nicht satt, fühlten uns aber trotzdem wie neugeboren. Jetzt wuchs in uns wieder der Glaube, dass wir's würden durchhalten können.

Weil es noch nicht dunkel war und wir deshalb unser Floß noch nicht zusammenbauen konnten, liefen wir im Wald ein Stück flussaufwärts und spähten, ob wir nicht doch einen Flussübergang entdecken könnten. Dabei trafen wir auf einen verlassenen Munitionslagerplatz. Aber es war so unheimlich dort. Da lag, nach rückwärts in ein Schützenloch gefallen, ein junger deutscher Soldat mit brutal eingeschlagenem Schädel. Es musste ein Nahkampf stattgefunden haben. Auch an anderen Stellen rings um den Lagerplatz lagen deutsche Gefallene herum mit offenen gläsernen Augen, in denen das Regenwasser stand. Ihre Hosentaschen waren herausgezogen und ihre Brotbeutel umgekrempelt. Sie waren also schon ausgeraubt und wir hätten bei ihnen nichts mehr finden können. Wie froh wären wir allerdings an einem Stücklein Brot gewesen. Als wir aus dem nahen Gebüsch ein verdächtiges Knacken von Holz hörten, gingen wir eiligst zu unserem alten Rastplatz zurück. Unterwegs setzte wieder starker Regen ein. Und als wir am Ziel ankamen, war es so dunkel, dass wir das Floß nicht mehr bauen konnten. So beschlossen wir, nochmals eine Nacht hierzubleiben und das Floß am anderen Abend zu fertigen.

Wir verbrachten aber eine schreckliche Nacht. Der Regen, jetzt mit Schnee vermischt, ließ nicht nach. Unsere zwei Decken, die wir gemeinsam hatten, und unsere Kleider waren völlig durchnässt. Es war bitter kalt. Und unaufhörlich rieselte das Wasser durch die Tannen auf uns herab. Ich spannte meine Zeltbahn, die einzige, die wir noch hatten, dachartig über uns aus. Doch auf ihrer Oberseite sammelte sich immer wieder ein See und sie fiel dann klatschend auf uns herab. So ging es die ganze Nacht hindurch. Wir lagen eng aneinandergedrückt und froren entsetzlich. Dazu wimmerten wir laut und klapperten mit den Zähnen. Selten habe ich mich so nach dem Tageslicht gesehnt wie in dieser Nacht.

3. Mai

Als es dann tagte, erhoben wir die steifen Glieder und

liefen auf und ab, bis wir wieder warm wurden und die Kleider anfingen zu dampfen. Das trieben wir wiederholt den ganzen Tag hindurch, um uns warm zu halten und die Kleider von innen her zu trocknen. Auch an diesem Tag wollten wir uns Kartoffeln und Kaffee kochen. Ich stand eben im Schützenloch und legte auf dem zaghaft brennenden Feuer nasses Reisig nach. Es entwickelte sich wieder ein dicker, verräterischer Rauch. Da sah ich zwischen den Bäumen einige Gestalten daherschleichen. Ich erschrak, erkannte aber schnell, dass es deutsche Landser waren. Sie hielten sich auch in diesem Waldstück versteckt und waren auf unseren Rauch aufmerksam geworden. Es waren sieben Mann. Wie sich bald herausstellte, waren es die sieben, die sich in der letzten Kampfnacht von uns getrennt hatten. Sie erklärten, sie wollten heute noch in die nächste Ortschaft gehen und sich den Russen stellen, bevor sie verhungerten. Dann wollten sie wissen, was wir da kochen. Und als sie unsere Kartoffeln sahen, fielen sie gierig darüber her und verschlangen sie, obwohl sie noch nicht gar gekocht waren. Wir beschrieben ihnen dann den Weg zum Kartoffelacker, den sie sofort aufsuchen wollten. Unser Rauchfeuer aber hielten sie für ein Verbrechen, weil es die Tschechen aufmerksam machen könnte. Sie wollten es unbedingt auslöschen. Wir aber kochten uns an diesem Tag, nachdem wir wieder für Nachschub gesorgt hatten, zwei Kochgeschirre mit Kartoffeln und ein Kochgeschirr Kaffee. Die erweiterte Ration füllte zwar unseren Magen, satt und gestärkt fühlten wir uns aber trotzdem nicht. So gerne hätten wir wieder einmal ein Stück Brot gehabt. Unser Essen ging auch allzu rasch vor sich. Ludwig, körperlich groß und stark, war ein tapferer Esser. Er hatte meistens schon zwei Kartoffeln verzehrt, bis wir eine geschält hatten. Man musste sich also dranhalten, wenn man zu seinem Teil kommen wollte. Nach dem Essen gingen wir nochmals auf die Äcker und gruben uns für den Weitermarsch noch einige Pfund Kartoffeln aus. Das Säcklein musste Ludwig tragen, weil er den größten Appetit hatte.

Als es dann zu dunkeln anfing, banden wir am Ufer der Oppa die gesammelten Stangen zu einem Floß zusammen. Wir erlebten jedoch eine große Enttäuschung. Als wir es ins Wasser ließen und ich mich daraufstellte, sank es sofort tief ein. Es trug also nicht einmal einen Mann, geschweige denn drei. Wir hatten uns verschätzt und keine Erfahrungen im Floßbau. Die Stangen waren zu dünn, das Holz zu leicht. Wir waren ganz entmutigt. Was sollten wir jetzt tun? Sollten wir hierbleiben und ein größeres Floß bauen aus stärkeren Balken? Doch wir hatten dazu keinerlei Werkzeug und hatten wegen dieser Sache schon viel zu viel Zeit verloren. So beschlossen wir, jetzt gleich weiterzumarschieren, immer flussaufwärts, bis wir eine Brücke fänden oder den Fluss durchwaten könnten.

Eine gute Stunde lang liefen wir auf einem tief aufgeweichten schmutzigen Waldweg, auf dem wir nur langsam vorwärtskamen. Dann gelangten wir an ein Dorf. Der Anblick der Häuser, die mit ihren beleuchteten Fenstern so ruhig im Dunkeln lagen, weckte in uns ein starkes Verlangen nach einem schützenden Dach, nach Wärme, Heimat und Geborgenheit, dazu einen Hunger nach Brot. Wir wussten zwar nicht, ob das Dorf von den Russen besetzt war. Ich machte trotzdem den Vorschlag, an einem Haus anzuklopfen. Meine beiden Begleiter hatten nichts dagegen, aber sie wollten es selbst nicht wagen. So schlichen wir uns am Ortsrand hin, bis wir ein nahe am Wald gelegenes Haus fanden. Dieses hielt ich für geeignet, weil man im Falle einer Gefahr rasch im Wald entkommen konnte.

Im Haus brannte noch Licht. So wagte ich es, ging heran und klopfte an der hinteren Eingangstür. Vorsichtshalber ging ich dann wieder einige Schritte zurück und wartete. Eine Frau öffnete ängstlich. Ich trat aus dem Dunkel heraus, redete sie an und fragte, ob sie Deutsch verstehe. Sie bejahte und fragte, was ich wolle. Ich sagte, wir seien drei deutsche Soldaten und möchten sie um etwas Brot bitten. Sie hatte große Angst und machte darauf aufmerksam, dass die ganze Ortschaft von den Russen besetzt sei. In ihrem Haus seien sie zwar nicht, aber gleich nebenan. Es sei auch bekannt gemacht worden, wenn man einem deutschen Soldaten behilflich sei oder etwas zum Essen gebe, dann werde man erschossen. Tschechisches Militär sei auch schon im Anrücken. Wir sollten aber einige Augenblicke im Wald warten, dann bringe sie uns etwas Brot und Kaffee heraus.

Wir zogen uns derweil vorsichtig weiter in den Wald zurück, weil wir nicht sicher sein konnten, was nun geschehen würde. Die Frau erschien aber rasch wieder und brachte jedem eine Doppelschnitte Brot, das wir dankbar und eiligst verzehrten. Wie gut das schmeckte! Kaffee könne sie uns leider nicht kochen, wie sie sagte, weil sie fürchtete, die anderen in ihrem Hause wohnenden Leute könnten etwas davon bemerken und sie anzeigen. Wir erfuhren von ihr noch, es seien heute Abend auch schon sieben deutsche Soldaten gekommen und hätten sich von den Russen gefangen nehmen lassen. Einer davon sei schon in Zivilkleidern gewesen. Den hätten sie sofort erschossen. Den anderen hätten die Dorfbewohner etwas zu essen geben müssen, weil sie fast am Verhungern gewesen seien. Wir konnten uns denken, wer die sieben Soldaten waren. Dann fragten wir die Frau noch, wo da eine Brücke über die Oppa sei. Sie sagte, bei Hultschin, und beschrieb uns einen etwa zweistündigen Weg dahin. Mit nochmaligem Dank schieden wir von dem guten Mütterlein, hatten wir doch außer der leiblichen Stärkung wichtige Informationen erhalten, die uns zu weiterer Vorsicht Anlass gaben.

Wir waren ziemlich von der Oppa abgekommen. Nach gut zwei Stunden stießen wir auf eine Straße, die wahrscheinlich zur Hultschiner Brücke führte. Wir verhielten uns deshalb sehr vorsichtig und liefen, um unsere Schritte zu dämpfen, nicht mitten auf der Straße, sondern am Straßenrand auf dem weichen Rasen. Plötzlich hielt ich an. Etwa zehn Schritte vor mir sah ich einen dunklen Schatten mitten auf der Straße stehen. Was war das? Wir horchten und versuchten, mit unseren Augen das Dunkel zu durchdringen. Der Schatten hatte die Größe einer Menschengestalt. War es ein russischer Posten? Er bewegte sich aber nicht. War es eine Straßensperre? Wir standen und horchten. Nichts regte sich. Trotzdem kam mir die Sache nicht geheuer vor und ich gab den beiden einen Wink. Wir wollten doch lieber diese Stelle umgehen und uns seitwärts ins Gelände machen. Doch kaum taten wir die ersten Schritte, da bewegte sich der Schatten und eine raue Stimme rief in holperigem Deutsch: »Allt! Werr da? Allt! Stoi! Stoi!« Und schon knallte es hinter uns her. Wir aber folgten der Aufforderung nicht und rannten, was die Füße hergaben, von der Straße weg. Doch schon nach wenigen Sprüngen lag ein Wassergraben vor uns. Einen Augenblick stutzten wir. Der Graben war immerhin etwa zwei Meter breit. Hinter uns kam der wiederholt schießende Posten näher. Die alarmierte Wachverstärkung eilte auch schon herbei. Ein Sprung. So weit reichte es, dass wir mit den Händen wenigstens das andere Ufer fassen konnten, wenn auch die Füße im Wasser hingen. So kletterten wir hinüber. Ludwig, der in solchen Situationen schnell den Kopf verlor, stöhnte hinter uns her. Als er über den Graben setzte, geschah es mit viel Geräusch. Dann aber ging es unaufhaltsam über die nassen Felder, bis wir uns sicher fühlten. Wir nahmen an, dass der Posten die Hultschiner Brücke zu bewachen hatte.

Jetzt fielen die beiden über mich her und gaben mir die Schuld an dem Zwischenfall. Sie meinten, ich hätte sie fast in die Gefangenschaft oder in den Tod geführt. Da machte ich den Vorschlag, dass von nun an abwechslungsweise auch sie vorauslaufen sollten. Aber da war Ludwig auf einmal wieder nachtblind. Dieser meldete nun auch, das Kartoffelsäckchen sei ihm beim Sprung über den Wassergraben verloren gegangen. Wir hatten wohl gehört, dass dabei etwas ins Wasser gefallen war, aber nicht weiter darauf geachtet. Rudolf und ich waren jedoch davon überzeugt, dass Ludwig das Säckchen absichtlich weggeworfen hatte, um besser springen zu können. Wir waren darüber sehr ungehalten, denn damit war ja unsere ganze Nahrung weg und wir mussten wieder hungern.

Freilich konnten wir uns daran nicht weiter aufhalten. Vielleicht fanden wir wieder einen Kartoffelacker. Jetzt wollten wir einfach weiter und weiter stromaufwärts laufen. Bei Brücken mussten wir vorsichtig sein, weil sie bewacht waren. Das wussten wir nun. Wir marschierten vollends die ganze Nacht hindurch. Aber es war ein mühsames Vorankommen. Die Oppa hatte dort viele Seitenkanäle, und diese hatten wieder ihre Zweigkanäle. Nirgends war eine Brücke oder ein Steg vorhanden. Immer liefen wir an den Kanälen entlang. So kam es, dass wir die Richtung nicht einhalten konnten und uns wie in einem Labyrinth bewegten. Jedenfalls, als es morgens zu tagen begann, standen wir wieder oder noch in der Nähe der Hultschiner Brücke. Dort drüben sahen wir in der Morgendämmerung auf der Straße den russischen Posten stehen. Dort waren wir heute Nacht beschossen worden. Wir erschraken über diese Feststellung und waren sehr deprimiert, weil wir in dieser Nacht trotz aller Anstrengungen so wenig vorwärtsgekommen waren. Vor allem mussten wir jetzt schleunigst von hier wegkommen und einen Unterschlupf suchen. Weit und breit war nur offenes, deckungsloses Gelände. In etwa zwei Kilometern Entfernung sahen wir aber an einem

Hang einen dunklen Streifen. Dies konnten Waldbäume sein. Ungeachtet, ob wir gesehen werden könnten, hielten wir auf diese Stelle zu. In der angebrochenen Tageshelle konnten wir jetzt auch einen Ausgang aus dem Kanalsystem finden. Es war dann auch, wie wir hofften. Der dunkle Streifen im Gelände war ein lang gestrecktes etwa 30 Meter breites Waldstück, mit jungen Tannen bepflanzt. Dies war eine gute Deckung, in der wir uns leicht verstecken konnten. Unsere Kleider waren durch das lange Marschieren in der Nacht von innen her trockener geworden, doch waren unsere Füße durch den Sprung über den Wassergraben und durch das Laufen im sumpfigen Gelände und feuchten Gras ganz nass bis zu den Knien. Wir waren aber so ermattet, dass wir gleich einschliefen.

4. Mai

Der Tag ging ruhig vorbei. Auf dem Felde arbeitende tschechische Zivilisten kamen zwar bedenklich nahe, doch blieben wir unbemerkt. Gegen Abend meinte Ludwig, er habe einen schrecklichen Hunger. Es ging uns beiden anderen zwar auch so, wir erinnerten ihn aber an den verlorenen oder weggeworfenen Kartoffelsack. Nun hatten wir bemerkt, dass sich am Rande des Waldstreifens Stellungsgräben befanden. Auch einige Unterstände waren vorhanden. Diese begannen wir nun abzusuchen und hatten in der Tat das große Glück, einige Brotreste zu finden. Sie waren zwar vom Regen aufgeweicht, beschmutzt oder von Vögeln zerhackt. Es war uns trotzdem das reine Manna, vom Himmel geschenktes Brot, das wir andächtig aßen.

Als es dunkel war, machten wir uns wieder auf den Weg. Um nicht nochmals im Viereck herumzulaufen, umgingen wir die Kanäle und stießen erst nach einigen Stunden wieder an die Oppa. Unterwegs kamen wir über einen Kartoffelacker, wo wir mit unseren Stöcken und Händen eine Stunde lang gruben, bis jeder sein Kochgeschirr gefüllt hatte. Um Saatgut zu sparen, hatten aber hier die Bauern die Kartoffeln halbiert in die Erde gelegt. Dies machte das Einsammeln zu einer zeitraubenden Sache. Dann hatten wir eine Straße zu überqueren, auf der die Russen in langen Kolonnen mit grellen Scheinwerfern fuhren. In der Beleuchtung sahen wir, dass diese Straße über eine bewachte Brücke führte. Also mussten wir immer noch weiter. Bald trafen wir wieder auf eine Brücke. Im Schein der Mondsichel erkannten wir, dass sie gesprengt war. Ob hier wohl auch Posten aufgestellt waren? Wenn nicht, dann war es doch wohl möglich, auf den Trümmern der Brücke ans andere Ufer zu kommen. Meine beiden Begleiter wollten nicht recht heran, aber ich meinte, eine gesprengte Brücke sei nicht bewacht, und erkundete die Lage. In der Mitte der Trümmer floss ein drei Meter breites Stromband. Das hätte man mit einem Balken überbrücken können. Doch inzwischen entdeckten wir nur hundert Meter daneben nochmals eine Brücke. Die nähere Untersuchung ergab, dass es eine ebenfalls zerstörte hölzerne Behelfsbrücke war. Über diese hinwegzusteigen erschien uns wesentlich leichter. Ich ging voraus und probierte, ob die einzelnen Balken und Bretter noch tragfähig waren. Ein Tragholz sank zwar plötzlich ins Wasser ein, als ich auf seiner Mitte stand, doch konnte ich mich noch rasch an einem anderen festhalten. Als wir schließlich alle drei über dem Fluss waren, umarmten wir einander vor lauter Freude darüber, dass wir nun endlich die Oppa überschreiten konnten. Wir bekamen wieder neuen Mut. Rasch ging es noch über eine Eisenbahnlinie hinweg und dann, als es zu tagen anfing, dem nahen Walde zu. Diesmal war es ein größeres Waldgebiet und wir waren glücklich darüber. Wir wuschen unsere Kartoffeln in einem Bächlein, suchten ein Tannendickicht und machten Feuer zum Abkochen, ehe die übrige Welt erwachte und unseren Rauch entdecken konnte.

5. Mai

Wir waren jetzt wieder voller Zuversicht und wurden in unserem Glauben bestärkt, dass wir auf unserem Weg Gottes Hilfe bei uns hatten. Wir lasen miteinander die

Tageslosung zu diesem 5. Mai: »Du gibst mir den Schild deines Heils, und deine Rechte stärkt mich« (Ps. 18, 36). Das gab uns so viel Kraft, dass wir darüber alle leibliche Schwachheit vergaßen. Wir verbrachten den Tag in angenehmer Ruhe. Die Sonne schien auch wieder und wärmte uns. Gegen Abend suchten wir wieder die Schützengräben und Stellungen nach Brot ab. Wir hatten auch heute Glück und fanden einige Stücke, die wir dann am Feuer rösteten. So schmeckte es wie frisch gebacken. Als wir dann einen schön mit Tannenreis abgedeckten Bunker fanden und in guter Stimmung waren, beschlossen wir, die Nacht über auch hierzubleiben und einmal in Ruhe durchzuschlafen. Am andern Morgen wollten wir dann weitergehen, denn im Wald konnten wir es wohl riskieren, bei Tageslicht zu marschieren.

6. Mai

So machten wir es auch. Doch so waldgeschützt und unbelebt, wie wir dachten, war die Gegend nicht. Wir mussten uns ständig vor den Leuten in Acht nehmen. Denn immer wieder stießen wir auf offene Felder und Dörfer, die wir dann im weiten Bogen und im Wald geschützt umgehen mussten. Dann kamen wir an eine Straße, auf der ein solcher Verkehr war, dass wir die Dunkelheit abwarteten, um sie überschreiten zu können. Wir gingen jetzt immer direkt nach Westen. Dabei richteten wir uns nach dem Kompass oder nach den Sternen.

Um ein Uhr nachts gelangten wir wieder an einen Wald. Da es heftig zu regnen anfing, wurde es so dunkel, dass man keinen Schritt weit vor sich hinsah. Frierend setzten wir uns am Waldrand nieder. Als ich mich dann unter den nächsten Tannen hin tastete, fiel ich in ein Erdloch hinab. Im Schein meines angezündeten Feuerzeuges sah ich dann, dass dies der Einstieg zu einem überdeckten Unterstand war, in dem gerade drei Mann Platz hatten. Da wir ihn wie für uns gebaut hielten, legten wir uns hinein. Wenn es auch darin feucht war und große Tropfen von der Decke herabfielen, so war es hier doch besser als im Freien.

7. Mai

Als es tagte, spähten wir die Gegend ab. Unser Bunker lag neben einem Weg. Wir mussten also fort von hier. Nicht weit entfernt sahen wir ein halb zerschossenes Haus, das am Rande einer Ortschaft lag. Wir suchten uns an einer anderen Stelle des Waldrandes einen geschickteren Unterstand und beobachteten von dort aus. Das halb zerschossene Haus erweckte unser Interesse. Es schien nicht mehr bewohnt zu sein. Vielleicht wären im Keller noch einige Lebensmittel zu finden, Kartoffeln etwa, und in der Küche vielleicht auch etwas Salz. Wie gut müsste das schmecken: Kartoffeln mit Salz! Bei Tageslicht konnten wir aber keinen Spähtrupp unternehmen. So warteten wir bei steigendem Hungergefühl in unserem Unterschlupf auf die Dunkelheit. Auch hier bemerkten wir, wie die aus dem Dorf kommenden Zivilisten das Gelände und insbesondere auch den Wald nach Überbleibseln aus der Kampfzeit absuchten. Eifrig sammelten sie auch die leeren Munitionskisten, die sie auf mitgebrachten Handkarren wegfuhren. Es gab für uns während unserer Wartezeit manche gefährliche Situation, wenn die Sammler direkt am Eingang unseres Bunkers standen. Doch waren sie wie von einer höheren Gewalt gelenkt. Sie durften nicht hereinschauen.

In der Nacht gingen wir dann an das zerschossene Haus heran. Es war ganz verlassen. Im Keller fanden wir tatsächlich zu unserer großen Freude Kartoffeln. Und auf dem Tisch stand, wie für uns bereitgestellt, ein großes Glas mit Salz. Wir nahmen einen Kissenüberzug, der da herumlag, und füllten ihn zur Hälfte mit Kartoffeln. Dann banden wir ihn mit einem Strick so zusammen, dass man ihn als Rucksack bequem tragen konnte. Als einen besonderen Schatz nahmen wir das Salz mit, nach dem unser Körper ein seltsam starkes Verlangen hatte. Durch unsere Erfolge ermutigt, wollten wir nun noch an einem anderen Haus nach Brot fragen. Hie und da liefen noch Leute auf der Straße. Wir konnten vernehmen, dass alle tschechisch redeten. Trotzdem wollten wir einen Versuch machen. Wir wählten wieder ein geeignetes Haus am Ortsrand. Ich sollte wieder anklopfen. Eine Frau antwortete innen auf Tschechisch und kam dann ans Fenster. Als sie mich sah und wohl als deutschen Soldaten erkannte, verschwand sie sofort, eilte auf der anderen Seite zum Haus hinaus und erhob ein lautes Geschrei. Ehe wir uns versahen, war die Ortschaft alarmiert und wir hatten schnell zu laufen, dass wir wieder den Wald erreichten, ehe uns die wach gerufenen Hunde und Männer auf die Spur kamen.

Wir ließen uns aber deshalb nicht entmutigen. Eins hatten wir nun doch wieder gelernt: Wir mussten uns vor der Zivilbevölkerung peinlichst in Acht nehmen und durften uns weder bei Tag noch bei Nacht vor ihnen blicken lassen oder sie vertrauensselig ansprechen. Wir kehrten mit Kartoffeln und Salz zu unserem Bunker zurück und machten uns sofort an die Kocharbeit. Bei der Flucht vom Dorfe weg hatten wir doch gemerkt, dass unsere Kräfte in der letzten Zeit immer merklicher nachgelassen hatten. Also bereiteten wir uns in dieser Nacht drei Kochgeschirre Kartoffeln und aßen sie im Heißhunger mit viel Salz. Dann machten wir noch einen Kaffee, mit dessen Genuss wir die kostbare Mahlzeit beendeten.

8. Mai

Die Versuchung

In der Frühe ging es bei herrlichem Sonnenschein weiter durch den Wald, der aber leider schon nach einigen Kilometern endete. Jetzt lagen wieder Felder und Dörfer vor uns. Wir konnten es nicht wagen, uns offen im Gelände zu bewegen. So blieb uns wieder nichts anderes übrig, als die Nacht abzuwarten. Es war dies der 8. Mai, der Tag des Waffenstillstandes. Wir wussten freilich nichts davon. An einer geschützten Stelle setzten wir uns nieder und überdachten unsere Lage. Wir waren unzufrieden, weil wir so langsam vorwärtskamen. Bei diesem Tempo würde es Weihnachten werden, bis wir an die deutsche Grenze kämen. Bei Tag hemmten uns die offenen Felder, bei Nacht die Wälder. Daran war bei unserem schlechten Kartenmaterial nichts zu ändern. Wir wussten ja nicht einmal, wie die Orte hießen, die wir streiften. Ludwig machte sich immer noch Sorgen, wie wir wohl über die Hauptkampflinie wieder auf die Seite der deutschen Truppen kommen würden. Rudolf und ich waren aber der Meinung, dass diese Sorge gegenstandslos sei, weil vielleicht vorher der Krieg zu Ende gegangen sein könnte. Man hörte wohl noch bei Tag und Nacht ein Schießen ringsum. Aber dies war kein eigentlicher Kampflärm, wie wir ihn von der Front her kannten, sondern hatte die Art einer fröhlichen oder übermütigen Knallerei. Auch war kein Kanonendonner zu hören und kein Flugzeug zu sehen.

Sorgen machte uns dagegen nun doch allmählich die Ernährung. Wir hatten zwar immer wieder Kartoffeln gefunden und ab und zu einen Brocken Brot. Würden wir aber bei dieser Nahrung wochenlange oder gar monatelange Strapazen durchhalten können? Wir waren doch in der letzten Zeit ziemlich abgemagert und kraftloser geworden. Nach wenigen Kilometern waren wir schon todmüde und betrachteten es manchmal als eine willkommene Gelegenheit, wenn wir tagsüber wegen zu großer Gefahr nicht mehr weitermarschieren konnten und im Wald, auf dem Boden hingestreckt, die Nacht abwarten mussten.

Ich fand an diesem Tag eine weggeworfene leere Konservendose, in der noch ein kleiner Rest Käse war. Es reichte jedem eine Portion, so groß wie eine Haselnuss. Das aßen wir zu den Kartoffeln. Dabei stellten wir fest, was uns eigentlich mangelte: Fett. Fett brauchte unser Körper wieder einmal. Ludwig meinte, eine Hühnerbrühe wäre das beste Kraftmittel. Aber woher sollten wir ein Huhn nehmen? Wir kamen bei diesen Überlegungen auf den absonderlichen Gedanken, man müsste einen Einbruch ausführen. Man müsste irgendwo ein Huhn stehlen. So fremd uns dieser Gedanke zunächst war, so behände waren wir auch dabei, eine solche Tat zu rechtfertigen. Im Grunde, so meinten wir schließlich, könne dies kein Verbrechen, kein Unrecht sein, sondern eine Art erzwungener Nächstenliebe. Eigentlich, so dachten wir, müssten uns die Menschen in diesem Land in rechter christlicher Nächstenliebe etwas zu essen geben, um uns vor dem Verhungern zu bewahren. Weil sie es aber nicht freiwillig tun oder tun dürfen, müsste es unser gutes Recht sein, wenn wir uns die zustehende Gabe der Nächstenliebe selbst nehmen würden. Ich widersetzte mich zunächst diesen Argumenten. Da wurde mir entgegengehalten, das Ausgraben der Kartoffeln auf den Äckern sei doch auch eine Art von Einbruch, was denn da für ein Unterschied sei zwischen einer Kartoffel und einem Huhn? Als ich in Ludwigs hungriges Gesicht sah, gab ich meine Bedenken auf und beugte mich der erdrückenden Mehrheit. Ich hielt es aber für unmöglich, ein Huhn aus einem Hühnerstall zu holen, weil sich die Ställe meistens innerhalb der Häuser befinden und weil die Hühner, wenn man nachts in ihren Stall eindringt, ein lautes Geschrei machen und die Hausbewohner wecken können. Ich meinte, es sei leichter, einen Hasen zu stehlen, weil sich die Hasenställe meistens hinter den Häusern in den Gärten befänden und weil die Hasen nicht schreien. Ludwig wandte dagegen ein, ein Hase habe keinen Wert, weil er kein Fett habe wie ein Huhn. Rudolf und ich waren aber der Meinung, wir müssten froh sein, wenn wir einen Hasen bekämen.

Als es dunkel war, machten wir uns auf den Weg. Wir stießen wieder auf ein zusammengeschossenes Gehöft, in dessen leerer Ruine wir aber nichts vorfanden. Gegen Mitternacht gelangten wir an ein Dorf, in dem noch hell die Lichter brannten. Hier hätten wir gerne unsere Hasenjagd gemacht. Es war aber überall im Dorf noch ein auffallend lautes Leben, Singen und Lachen. Wir konnten nicht ahnen, dass sie da das Kriegsende und den Sieg feierten, und vermuteten eine Hochzeit oder ein ähnliches dörfliches Fest. So warteten wir am Waldrand. Aber die Leute wollten und wollten nicht zu Bett gehen. Erst nach einer guten Stunde wurde es langsam ruhig und nach und nach gingen die Lichter aus. Als wir dachten, die Leute könnten jetzt eingeschlafen sein, suchten wir am Ortsrand nach einem geeigneten Haus für unser Unternehmen. Beim ersten Haus konnten wir keinen Hasenstall entdecken, beim zweiten auch nicht. Aber beim dritten stand im eingezäunten Garten in sicherem Abstand vom Wohnhaus ein kleiner Schuppen, an dessen Außenseite so etwas wie ein Hasenstall zu erkennen war. Wir warteten eine Weile und horchten. Da hörten wir ganz deutlich von dorther ein Klopfen, wie es die Hasen ab und zu mit ihren Füßen ausführen. Hier war also sicher etwas zu machen.

Als es nun aber galt, zur Tat zu schreiten, befiel uns eine seltsame Beklemmung und Unentschlossenheit. Es kam einerseits aus dem Bewusstsein, dass wir jetzt doch ein Unrecht begehen würden, andererseits hatten wir das Gefühl, wieder eine neue Gefahrenzone zu betreten. Ich hörte Ludwigs flüsternde Stimme: »Es genügt, wenn einer hinübersteigt.« Und rasch fügte er hinzu: »Aber ich kann nicht. Ich bin nachtblind und finde mich nicht mehr zurecht, wenn jemand Alarm schlägt.« Das war ein Argument. Ich stieß Rudolf an: »Mach du's!« Er schwieg eine Weile und flüsterte dann: »Ich habe keinen Hunger mehr.« Das änderte die Situation. Als ich dann den Vorschlag machte weiterzumarschieren, wurden sie auffallend lebendig und redeten auf mich bittend und flehend ein: »Geh du!« Ich zögerte. Da kamen sie mit einer überraschenden Begründung: »Du bist doch Pfarrer. Du bist Gott näher als wir. Du bist unter seinem Schutz. Bei dir wird's klappen.« Du unter Gottes Schutz! Bei der Übertretung seines Gebotes unter Gottes Schutz. Das kam mir auf einmal absurd und widersinnig vor. Aber ich konnte über diese Unlogik nicht weiter nachdenken. Sie drängten mich: »Das ist eine Tat der Nächstenliebe, die man von einem Pfarrer erwarten kann.« Als ich sie so auf mich einreden hörte und die beiden hungrigen Schattengestalten neben mir sah, fasste mich plötzlich ein mächtiges Mitleiden, in dem alle Bedenken untergingen.

Sie halfen mir über den Zaun. Nun stand ich im Innern des Gartens. Es war ganz still. Nur das bekannte Klopfen vom Hasenstall her war zu vernehmen, das sich jetzt wie eine Einladung anhörte. Meine Augen durchsuchten die Umgebung, bemerkten aber nichts Auffallendes. Als ich jedoch die ersten vorsichtigen Schritte auf den Schuppen zu getan hatte, sah ich plötzlich vom Hause her einen niedrigen dunklen Schatten rasch auf mich zukommen. Mit ein paar Sätzen war ich wieder am Zaun, kletterte hoch und wurde von meinen beiden Kameraden an den Händen hinübergezogen. Und schon war auch der Schatten da, ein großer Hund, der jetzt rasend zu bellen anfing und wütend am Zaun hochsprang. Ich hatte gerade noch meine Füße hinüberbringen können. Nun geschah alles blitzschnell. Das Haus war im Augenblick beleuchtet. Stimmen wurden laut. Ein Signal wie ein Feuerhorn zerriss die Stille der Nacht. In allen Häusern ringsum flammten die Lichter auf. Und während wir mit dem Aufgebot aller Kräfte dem Wald zueilten, hörten wir, wie Hilfe- und Kommandorufe das ganze Dorf weckten. Vielleicht vermuteten sie, die Deutschen kämen wieder. Und damit hatten sie eigentlich nicht ganz Unrecht.

Der Wald war nahe und schützend. Dort hielten wir

still und atmeten auf. Wir horchten und beobachteten, was sie wohl da drüben unternehmen könnten, ob sie uns mit einem Suchtrupp verfolgen oder sich wieder beruhigen würden. Eine halbe Stunde warteten wir. Dann gingen in den Häusern nacheinander wieder die Lichter aus. Vom Auszug eines Suchtrupps war nichts zu bemerken.

Jetzt konnten wir miteinander reden. »Dein Gott hat dich aber schwer im Stich gelassen«, meinte Rudolf. Es klang wie Hohn. Aber es lag eine tiefe Trauer in seiner Stimme. »Das hätte ich mir denken können«, gab ich zurück. »Ich war ein Dummkopf, dass ich mich von euch überreden ließ.« Ludwig war ganz niedergeschlagen. Er zitterte noch vor Aufregung. Ihn, den immer Hungrigen, musste der Fehlschlag am stärksten treffen. »Dann müssen wir eben verhungern«, sagte er in die Stille und legte sich auf den feuchten Boden. Das sagte und tat er wie ein endgültiges, trauriges Rechenergebnis. Wir dachten nicht viel anders. Sollten wir nicht endlich aufgeben? War es nicht eine Wahnidee, durch dieses gefährliche, unbekannte und feindselige Land hindurchkommen zu wollen, ohne Nahrung und ohne den Weg recht zu wissen? Wäre es nicht am besten, hier einfach liegen zu bleiben und den Tod abzuwarten oder bis sie uns morgen aufstöbern und erschlagen würden? Vielleicht ließen sie uns auch leben? Aber wir sind in Uniform, als Soldaten gezeichnet. Und der Krieg ist unbarmherzig. Wie Blei legte sich die Mattigkeit über uns, und ein Gefühl lebensmüder Gleichgültigkeit befiel uns wie eine Narkose.

Da war es mir, wie wenn ich plötzlich erwachte. Glasklar sah ich die Gefährlichkeit unseres Standorts. »Wir müssen weg von hier! Wir müssen weg!«, hämmerte es in meinem Kopf. Wir lagen doch hier am Waldrand. Ich schüttelte die beiden. Wir erhoben uns müde und tappten in den dunklen Wald hinein. Wir stolperten über Wurzeln und Gesträuch, standen wieder auf und liefen weiter und weiter, ohne Ziel, nur in den Wald hinein, weg von den Menschen. Wir hatten kein Gefühl mehr für Zeit und Wegstrecke. Es kam uns jedenfalls vor, als hätten wir uns stundenlang geschleppt und hätten viele Kilometer zurückgelegt. Dann konnten wir nicht mehr. Die Kräfte verließen uns. Wir legten uns nebeneinander auf den Boden, breiteten über uns die beiden Decken und die Zeltbahn und fielen in tiefen Schlaf.

9. Mai

Als ich erwachte, war es heller Tag. Meine Blicke gingen hinauf zu den hohen Baumkronen über uns. Ich musste mich anstrengen, ganz wach zu werden. Erst langsam kam die Erinnerung an die vergangene Nacht. Meine Kameraden schliefen tief. Aber in ihren bärtigen, hohlwangigen Gesichtern lag auch im Schlaf die Angst, der Hunger und das Elend. Ich erhob mich mühsam und schaute mich um. Da sah ich wenige Schritte entfernt einen Bund Stroh liegen, vom Regen durchnässt, und rundherum aufgerissene Strohballen und förmliche Strohnester. Der Boden war zertreten von Pferdehufen. Hier mussten Soldaten gelagert haben. Vielleicht Russen. Ich spähte vorsichtig durch die Bäume, gewahrte aber niemand. Dann suchte ich die Lagerstellen ab und fand auf einem Baumstumpf einen Brotlaib liegen, einen ganzen vierkantigen Kommissbrotlaib, unangeschnitten, vom Regen durchfeuchtet und leicht angeschimmelt, aber Brot, Brot! Es war, als käme neue Kraft in meine Füße. Ich suchte weiter und fand noch ein großes Stück angeräuchertes Fleisch. Es krabbelten zwar die Würmer herum und fraßen daran. Aber dies störte mich nicht. Ich schüttelte sie sorgfältig ab. Dieses Fleisch gehörte jetzt uns! So kam ich zu den Schlafenden zurück, in einer Hand das Brot, in der anderen das Fleisch. Ich brauchte eine Weile, bis ich die Schläfer wach hatte. Und dann brauchten sie eine ganze Weile, bis sie begriffen, was los war. Es war merkwürdig, wie schon der Anblick dieser gefundenen Kostbarkeiten frischen Lebensmut und neue Kräfte weckte.

Wir teilten Brot und Fleisch in drei Teile und zündeten ein Feuer an. Aus einem nahen Tümpel holten wir

Wasser und kochten Kartoffeln und Kaffee. Das Brot rösteten wir behutsam. Es war eine wundersame Mahlzeit. Wir aßen langsam, denn wir hatten zunächst kein eigentliches Hungergefühl mehr. Dies erwachte erst allmählich wieder. Wir aßen aber auch andächtig. Es war irgendwie anders als sonst. Wir sprachen wenig miteinander. Wir hatten Mühe, das missglückte Unternehmen in der Nacht, unsere hoffnungslose Stimmung und Niedergeschlagenheit, unser zielloses Hintappen durch den dunklen Wald und jetzt diesen unverhofft reichlich gedeckten Tisch mit Brot, Fleisch, Kartoffeln, Salz und Kaffee zusammenzureimen. Wir konnten nur immer wieder verwundert den Kopf schütteln. Das war doch kein Zufall, dass der Einbruch nicht glückte, dass wir dann weiter in den Wald hineinliefen und dass wir ausgerechnet an dieser Stelle nicht mehr weiterkonnten, wo Brot und Fleisch für uns bereitlagen. Einer sprach es aus: »Wir haben ein Wunder erlebt.« Rudolf machte den Vorschlag: »Wir essen jetzt nicht alles. Wir wollen etwas übrig lassen für heute Abend.« Dies war ein guter Vorschlag, dem sich allerdings Ludwig nur ungern anschloss. Er meinte: »Wenn sie uns aber erwischen und umbringen, dann wäre es schade, wenn wir vorher nicht alles gegessen hätten.«

In der erhobenen Stimmung, die uns jetzt erfüllte, erinnerte ich meine beiden Kameraden daran, wie Gott die Israeliten auf ihrem Weg durch die Wüste ernährte, indem er ihnen Manna als tägliches Brot gab und Wachtelschwärme als Fleisch schickte. Genauso, meinte ich, könne Gott auch uns heute ernähren und durch die Wüste bringen. Dass der Einbruch nicht gelingen durfte, deutete ich als einen Fingerzeig Gottes und eine Mahnung, ihm zu vertrauen und uns von ihm das tägliche Brot geben zu lassen. Es gelte jetzt, so erklärte ich, mit diesem Gottvertrauen ganz ernst zu machen und auf jede gewalttätige und gegen Gottes Gebot gerichtete Selbsthilfe zu verzichten. Dann würde uns gewiss auch Gott mit seiner ganzen Hilfe begleiten und unsere Heimkehr gelingen lassen. Ich bekräftigte meinen Entschluss: »Ich werde mich an keinem Einbruch mehr beteiligen.« Beim Nachdenken über den abenteuerlichen Weg der letzten Tage wunderte ich mich darüber, wie rasch unsere Stimmungen wechseln und äußere Umstände uns verändern konnten. Wenn wir eine Gefahr überstanden oder einen glücklichen Nahrungsfund gemacht hatten, dann waren wir voller Hoffnung und Unternehmungslust. Wenn wir aber nichts zu essen hatten oder in bedrohliche Situationen kamen, zweifelten wir wieder an unserem Durchkommen und waren in unserer Mutlosigkeit manchmal nahe daran, aufzugeben. Ich erschrak auch darüber, wie begrenzt unser Interesse und unser Denken geworden war, das sich in der Hauptsache nur noch um die Frage bewegte: Was werden wir essen? Ich spürte jetzt am eigenen Leibe, wozu ein Mensch fähig ist, wenn er Hunger hat. Ich verstand jetzt, warum Jesus in Versuchung geführt wurde, als er Hunger hatte. Im Hunger kann der Mensch offenbar zu allerlei Bösem verführt werden. Dies kann man wohl erst verstehen, wenn man selbst Hunger hat und wenn es dabei ums Überleben geht. Ich hatte Sorge, wir könnten noch in weit größere Versuchungen kommen, und bat Gott, er möge uns doch davor bewahren und uns die tägliche Nahrung finden lassen. Wir hatten ja jetzt Gottes wunderbare Hilfe erfahren und waren gewillt, ihm zu vertrauen. Hoffentlich würden wir den Vorsatz durchhalten können und nicht enttäuscht werden.

Jedenfalls marschierten wir jetzt ermutigt und an Leib und Seele gestärkt weiter. Freilich wurden wir bald wieder daran erinnert, dass unsere Kräfte noch stark geschwächt waren. Wir ermüdeten rasch und mussten zur Erholung immer wieder längere Pausen einlegen. Besonders schwer fiel es uns, wenn in dem unwegsamen Waldgelände Täler zu überqueren waren und es bergauf ging. Als wir gegen Abend Rast machten und uns nach einem geeigneten Lagerplatz umschauten, stießen wir auf eine verlassene militärische Stellung. Sofort fingen wir an, nach essbaren Überbleibseln zu suchen, und fanden tatsächlich alte Brotreste, sodass jeder ein Kochgeschirr damit füllen konnte. Wie glücklich und reich waren wir wieder, aber auch wie beschämt! War das nicht wieder förmliches Manna, Himmelsbrot? War es nicht wieder wunderbare Führung, dass wir gerade hier rasten mussten? Wir waren über diese Erfahrung so erfreut, dass wir sofort ein Feuer machten. Daran rösteten wir das gefundene Brot und brockten es in unseren letzten Kaffee. Unsere Kartoffeln waren jetzt auch wieder aufgebraucht. Aber wir zweifelten nicht daran, dass uns Gott auch wieder Kartoffeln und Kaffee finden ließe.

Die Mahlzeit hatte uns wieder so erfrischt, dass wir beschlossen, auch in der Nacht weiterzumarschieren. Wir kamen zwar nur langsam voran, schafften es aber doch mit den nötigen Pausen bis weit über Mitternacht hinaus. Da gelangten wir an ein Tal, durch das sich im Mondschein ein helles Flussband zog. Auch schien da eine Stadt zu liegen. Was war das nun wieder für ein Fluss? Nach unserer Karte hatten wir hier keinen erwartet. Es konnte höchstens sein, dass wir uns in der Richtung etwas geirrt hatten und dass dies die Mohra, ein Nebenfluss zur Oppa, war. Die Mohra aber durften wir nach unserem Plan nicht überschreiten. Weil es nur noch einige Stunden bis zum Tagesanbruch waren, rasteten wir vorläufig einmal in einem dünnen Gehölz und schliefen sofort ein.

10. Mai
Himmelfahrt

Als wir erwachten, bot sich uns ein lieblicher Anblick. Rings um uns blühten in verschwenderischer Fülle die Maiblümchen, und das Buchenwäldchen, in dem wir lagen, stand in frischem Grün. Doch gleichzeitig erschraken wir auch. Da drunten am Fluss lag eine Stadt in festlich rotem Flaggenschmuck. Unser Lagerplatz war aber in einem so dünnen und kleinen Waldstück, dass wir uns hier gewiss nicht den ganzen Tag über verbergen konnten. Zudem war heute Himmelfahrtsfest. Da würden sicherlich die Stadtleute hier heraufkommen, um Blumensträuße zu holen. Wir mussten also unbedingt weg von hier. Ich ging auf einen erhöhten Standort und hielt Umschau. Einige Kilometer weiter rückwärts war Wald zu sehen. Es gab keinen anderen Ausweg. Dorthin mussten wir über ein offenes Gelände hinweg am hellen Tag. Wir machten uns sofort auf, hatten aber an einer Stelle große Schwierigkeit, wo wir einen Weg zu überschreiten hatten, auf dem die Leute aus der Umgegend in Scharen der Stadt zuströmten, wahrscheinlich zur Frühmesse. An einigen Frauen kamen wir ganz nahe vorbei. Doch diese hatten scheinbar vor uns mehr Angst als wir vor ihnen, denn sie beflügelten ihre Schritte. Wir boten allerdings auch mit unserem verwilderten Aussehen einen furchterregenden Anblick. Glücklich erreichten wir dann den Waldrand, wo wir in einem zerschossenen Haus wieder einige Kartoffeln und Brotreste fanden. Wiederum wurde uns das tägliche Brot gegeben. Nach mehrstündigem Marsch durch den Wald erlebten wir allerdings eine unangenehme Enttäuschung. Wir standen nämlich plötzlich wieder an derselben Stelle, an der wir tags zuvor gerastet und unseren letzten Kaffee getrunken hatten. Es konnte kein Zweifel daran sein, obwohl wir es nicht wahrhaben wollten. Schließlich besiegten wir unseren Ärger, indem wir gerade an unserer alten Kochstelle nochmals ein Feuer anzündeten und uns ein Mittagessen bereiteten. Dann gingen wir in anderer Richtung weiter durch den Wald. Und da erlebten wir nochmals eine Überraschung.

Wir konnten nicht mehr weitergehen, weil der Wald endete. Vor uns lag eine weite deckungslose Ebene, über die eine sehr belebte Straße führte. Etwa drei Kilometer entfernt lag ein Dorf. So wurden wir uns einig, die Dunkelheit abzuwarten, und verbargen uns im Dickicht junger Tannen. Um die Zeit zu vertreiben, sprachen wir davon, was wir einmal essen wollten, wenn wir nach Hause kämen. Da hörten wir das laute Geschrei und Gegacker einer Henne in unserer Nähe. War es wirklich eine Henne? Vielleicht war es auch ein wilder Hühnervogel, ein Fasan. Aber das kurze Krähen der Fasanen klang doch ganz anders. Es musste eine Henne sein. Wieder gackerte sie ganz laut und flatterte mit den Flügeln, als flöge sie auf einen Baum. Ungläubig und verwundert schauten wir uns an. Dann ging ich vorsichtig dem Geschrei nach. Da sah ich auch tatsächlich ein Huhn auf einem Bäumchen am Rande eines Bombentrichters sitzen, vom Boden aus gut mit der Hand zu erreichen. Doch gleichzeitig hörte ich auch in der Nähe lockende Menschenstimmen. Waren auch diese Leute von dem Hühnergeschrei angezogen worden? Oder war ihnen vielleicht dieses Federvieh entwischt? Ich wusste es nicht, merkte mir aber genau den Platz, wo das Huhn saß, und ging zu meinen Kameraden zurück. Sie meinten, ich hätte das Vieh gleich mitbringen sollen. Da musste ich ihnen erklären, dass man eine Henne bei Tag so leicht nicht fangen könne. Man müsse warten, bis es dunkel sei, dann könne man sie gut vom Baum herunterholen. Wir warteten ab. Bald sahen wir einen Mann und eine Frau den Wald verlassen. Wahrscheinlich waren sie es, die das Huhn mit ihrem Lockruf gesucht hatten.

Wie kam nur das Huhn hierher? Bis zu den nächsten Häusern waren es gut drei Kilometer. Es war außergewöhnlich, wenn sich ein Huhn so weit von seinem heimatlichen Stall entfernte und dazu noch in den Wald hineinlief. Wir konnten dies nur für ein Wunder halten. Ja, Gott konnte uns auch Wachteln in die Wüste schicken. Wir waren überwältigt von diesem Zeichen. Unser

Glaube, dass uns der Heimweg gelingen werde, erhielt dadurch neue Kraft. Zugleich aber schämte ich mich, dass wir einmal einen Einbruch machen und einen Hasen stehlen wollten und es Gott nicht zugetraut hatten, dass er uns auch Fleisch und Fett besorgen könne. Als es dunkel war, schlich ich mich zu dem Bäumchen, auf dem die Henne noch saß, und holte sie mit einem raschen Griff herab. Dann liefen wir die halbe Nacht hindurch, bis wir in einen tiefen, unwegsamen Wald hineinkamen. Als wir nicht mehr weiterkonnten, legten wir uns auf den feuchten Boden und schliefen bis in den Morgen hinein.

11. Mai

An diesem neuen Tag wollten wir kräftig vorwärtskommen. Der Weg war aber beschwerlich, denn es ging im Wechsel immer wieder durch tiefe Schluchten und über steile Anhöhen hinweg. Doch war das ganze Gebiet bewaldet und weit und breit keine menschliche Ansiedlung zu sehen, auch keine Straße. Der Wald bot Sicherheit. Da stießen wir an einem Hanggelände an ein sauber und versteckt in eine Mulde hineingebautes Lager, das aber jetzt völlig verlassen war. Nur ein paar erschossene Pferde mit aufgedunsenen Bäuchen lagen herum. Vielleicht hatten hier einmal Partisanen ihr Nest. Wir suchten die beiden Holzbaracken ab. Viele leere Schnapsflaschen standen in den Regalen. Aber auch ein paar Säcke fanden wir, die mit Kartoffeln gefüllt waren, und ein Paket Kaffee-Ersatz. In der Freude über diesen Fund beschlossen wir, hier zu rasten und unser gefangenes Huhn zu kochen. Bald wären wir aber darüber in Uneinigkeit geraten. Ludwig wollte das Abkochen so besorgt wissen, dass die Hühnerbrühe mengenmäßig klein gehalten, dafür aber dick und fett sein müsse. Rudolf und ich hätten aber lieber mehr Brühe gehabt. Um den Streit zu schlichten, teilte ich das Huhn in drei Teile, ließ die beiden wählen und nahm selbst, was übrig blieb. Jetzt konnte jeder seinen Anteil kochen, wie er wollte. Ludwig war zwar aus bestimmten Gründen nicht so fürs Teilen. Doch er fügte sich. Es war eine festliche Mahlzeit. Wir aßen uns einmal ganz satt, auch mit Kartoffeln, so viel wir wollten und konnten. Diese Stärkung tat uns gut, wie schon lange nicht mehr. Jetzt hatten wir ja einmal das Fett, das uns so lange fehlte. Von den Kartoffeln nahmen wir mit, so viel jeder neben seinem sonstigen Gepäck tragen konnte. Nach wenigen Hundert Metern stießen wir überrascht auf ein zweites Lager. Wir wagten jedoch nicht, es näher zu untersuchen. Es kam uns zu unheimlich vor, denn nicht nur tote Pferde, sondern auch mehrere erschlagene oder erschossene deutsche Soldaten lagen da am Wege. Vielleicht lagerten doch Deutsche hier, die von den Russen oder Tschechen überfallen wurden. Da wir den Eindruck hatten, es könnte sich noch jemand in den Baracken aufhalten, gingen wir eiligst vorüber. Wir wollten unser Leben nicht unnötig riskieren.

Der Anblick der Toten hatte uns wieder einmal an die Gefahr erinnert, in der wir uns dauernd bewegten. Auch in diesem riesigen Waldgebiet, in dem man tagelang laufen konnte, ohne einer Menschenseele zu begegnen, konnte der Feind, konnte der Tod lauern. Wir brauchten eine Weile, bis wir unsere Fröhlichkeit und innere Ruhe wiedergefunden hatten, und schritten dann rüstig weiter. Jetzt waren wir allmählich so weit, wie Gott uns wohl haben wollte. Es wurde uns immer deutlicher bewusst, dass wir ganz und gar auf seine Hilfe und seinen Schutz angewiesen waren und dass es nicht in unserer Weisheit und Kraft stand, Gefahren aus dem Wege zu gehen oder uns zu ernähren. Wir begannen aber mehr und mehr in der fröhlichen Gewissheit zu leben, dass Gott uns führe und dass es sein Wille war, uns heimzubringen. Wir verstanden die bisherigen Erfahrungen als deutliche Zeichen dafür. Wenn es aber Gottes Wille war, uns durchzuhelfen, dann konnte uns niemand und nichts etwas anhaben, weder Tschechen noch Russen, weder Kugeln noch Minen.

Ich freute mich, dass auch meine Kameraden immer fester in diesen Glauben hineinwuchsen, obwohl sie anfangs weniger dafür aufgeschlossen waren und, wie sie mir gestanden, daheim den Platz in der Kirche meistens leer gelassen hätten. Nun aber begannen wir jeden Tag morgens mit dem Lesen der Tageslosung. Dabei klammerten wir uns an jedes Wort. Und dann brachten wir unsere Bitte vor Gott: Unser tägliches Brot gib uns heute! Danach konnten wir aber auch gewiss sein, dass uns immer wieder etwas zufiel, wenn wir es nötig hatten. Meine Kameraden, die das Herrnhuter Losungsbüchlein nicht kannten, hielten es geradezu für ein Wahrsagebüchlein. Sie wollten morgens aus dem Losungswort immer heraushören, ob es ein guter oder gefährlicher Tag würde, ob wir etwas zum Essen fänden oder vor Menschen aufpassen müssten. Ich warnte zwar vor einer so kurzschlüssigen Auslegung des Wortes. Es war nur seltsam, dass es immer mit dem Tagesgeschehen, und oft in verblüffender Weise, übereinstimmte. So gab uns die Tageslosung eine seltsame Kraft für den Tag. Und wenn wir uns abends im Wald zur Ruhe legten, dann brachten wir unseren Dank vor Gott. Ich betete oft das Abendlied »Hirte deiner Schafe«, das ich auswendig kannte. »Deck uns zu mit Schutz und Ruh, so wird uns kein Grauen wecken noch der Feind uns schrecken.« Ein solcher Vers hatte in dieser Umgebung und in unserer Situation eine ganz neue wundersame Lebensnähe und Schönheit.

12. Mai
Seltsame Waldvögel

An diesem Tag gingen wir der Mohra, einem reißenden Gebirgsfluss, entlang aufwärts. Es war gut, dass wir tags zuvor durch den unverhofften Hühnerbraten gestärkt worden waren, denn der Weg durch diese gebirgige Gegend war mit allerlei Kraftaufwand verbunden. Beruhigend war aber, dass wir in diesem endlosen Waldgebiet vor Begegnungen mit Menschen sicher sein und bei Tageslicht marschieren konnten. Und wieder wurde uns an diesem Morgen das tägliche Brot gegeben. Wir fanden auf einem Lagerplatz einen Klumpen Salz und ein weggeworfenes Stück Fleisch. Das Salz konnten wir wieder nötig zu den Kartoffeln gebrauchen. Das leicht angeräucherte Fleisch war zwar von Würmern befallen, aber es war trotzdem noch genießbar. Ich schnitt alles Unsaubere weg und machte aus dem Rest drei Teile. Beim weiteren Absuchen des Platzes fanden wir dann noch einige Brotstücke. So konnten wir uns eine prächtige Mahlzeit machen, Röstkartoffeln mit Fleisch und Brot. Wohl gestärkt konnten wir nun den ganzen Tag hindurch marschieren. Da ich meinte, wir sollten unsere Zeit und Kraft ausnützen, um rasch voranzukommen, trieb ich meine Kameraden kräftig an, wenn sie nicht mehr recht mitkommen oder rasten wollten. Gegen Abend hatten wir dann wieder ein unvergessliches Erlebnis.

Irgendwie hatten wir uns verlaufen. Der Waldweg, dem wir bis jetzt gefolgt waren, endete. Wie Rudolf auf seinem Kompass feststellte, stimmte auch die Richtung nicht mehr. Unschlüssig standen wir da. Dann fing Rudolf an, mir heftige Vorwürfe zu machen. Ich sei mit meinem ungeduldigen Vorwärtsdrängen schuld daran, wenn wir uns jetzt verirrt hätten. Wo ich sie denn noch hinführen wolle? Er würde sich nicht wundern, wenn wir wieder an den alten Rastplatz zurückkämen wie schon einmal. Er mache so nicht mehr mit. Zornig erregt warf er sein Gepäck zu Boden und setzte sich daneben. So aufgebracht hatte ich ihn noch nie erlebt. Vielleicht musste sich einmal all das Luft machen, was er seit zwei Wochen an Enttäuschungen und Ängsten in sich hineindrücken musste. Vielleicht kam bei ihm jetzt zum Ausbruch, wie stark unsere Nerven beansprucht und wie empfindlich wir geworden waren in der Ungewissheit darüber, wie wir hier einmal herauskommen würden. Plötzlich war auch Ludwig von dieser Depression befallen.

Während Rudolf aufgeregt in seinem Gepäck stöberte, entdeckten wir, dass er noch eine Pistole mit sich trug. Ludwig und ich erschraken darüber und bestanden darauf, dass er die Waffe wegwerfen müsse, wenn er weiter mit uns gehen wolle. Wir hielten Rudolf vor, dass nicht nur sein, sondern auch unser Leben gefährdet sei, wenn wir von den Russen aufgegriffen würden und die Pistole bei ihm zum Vorschein komme. Es sei doch unverantwortlich, dass er uns seither in einer solchen Gefährdung laufen ließ. Schließlich gab er unseren Forderungen nach, die Pistole auseinanderzunehmen und wegzuwerfen. Dann saßen wir schweigend und entschlusslos nebeneinander. Wohl eine halbe Stunde lang. Vielleicht würden wir hier übernachten. Und am nächsten Tag könnte alles wieder schöner aussehen.

Da hörten wir auf einmal in der Nähe wieder ein Geschrei von Hühnern, so wie sie schreien, wenn sie abends zu ihren Sitzplätzen auffliegen. Zunächst schauten wir uns verwundert und ungläubig an. Träumten wir? Unser gesunder Menschenverstand wehrte sich und wollte widersprechen. Wie sollten denn Hühner hier hereinkommen, mitten in einen Wald, wo man bis zur nächsten menschlichen Siedlung Tagesmärsche brauchte? Hier könnten sich wohl Füchse herumtreiben, aber keine Hühner. Vielleicht waren es doch Fasanen. Jetzt war auch Rudolf wieder beruhigt und aufmerksam. Mit Bestimmtheit erklärte er jetzt, das seien keine Fasanen. Es müssten Hühner sein. Er war Förster und musste es wissen. Das Geschrei und Gegacker wurde immer lauter. Es musste sich um eine ganze Schar handeln. Andächtig faltete Ludwig seine Hände und sagte: »Ich glaube, der Herr schickt uns wieder Wachteln.«

Man musste nun doch einmal dem Geschrei nach-
gehen. Da meine beiden Kameraden zögerten, ging ich
allein. Schon nach wenigen Schritten sah ich zwischen
den Bäumen eine Waldhütte stehen, zur Tarnung etwas
abgedeckt mit Tannenzweigen. Von dorther war das
Hühnergeschrei gekommen. Es war also anzunehmen,
dass diese Hütte bewohnt war. Ich teilte den andern
meine Wahrnehmung mit. Rudolf machte den Vorschlag, schleunigst weiterzugehen. Ludwig aber fühlte
wieder einen gesteigerten Appetit und meinte, man
sollte doch näher herangehen, um festzustellen, ob die
Hütte tatsächlich bewohnt war oder nicht. Aber ich
sollte das machen.

Also schlich ich vorsichtig heran. Es regte sich nichts.
Auch die Hühner waren wieder still geworden, aber nirgends zu sehen. Vor der Hütte stand ein Topf, vielleicht
mit Hühnerfutter gefüllt. An einem Baum lehnte ein
Fahrrad, das auf dauernde Benützung schließen ließ.
Vielleicht wohnte da ein Waldarbeiter. In der Hütte
regte sich aber nichts. Jetzt fiel mir auf, dass die Fahr-
radreifen ohne Luft waren. Da ging ich einfach auf die
Hütte zu und hinein. Sie war leer. Auf dem Boden war
ein Strohlager, abgeteilt für drei Personen. Ein Tisch
stand da und ein Ofen, dessen Abzugsrohre durch das
Dach hinausragten. Weiter fand ich ein paar deutsche
Kleinmünzen und einige deutsche Uniformstücke. Vor

der Hütte lagen noch winzige Reste von Kommissbrot, das man wohl den Hühnern hingeworfen hatte. Ich schloss daraus, dass hier einmal deutsche Soldaten lagen, vielleicht als Funktrupp oder als Desertierte, die dann eiligst davonliefen, als die Front über das Land hinwegging. So konnten sie wohl in der Eile das Fahrrad und die Hühner nicht mitnehmen. Vielleicht lagen auch Partisanen mit getarnten Uniformen hier. Nun wollte ich nach den Hühnern sehen. Sie saßen auf den Bäumen hinter der Hütte, flüchteten aber mit großem Geschrei und wildem Geflatter in den Wald hinein, als sie meiner ansichtig geworden waren. Sie waren also sehr scheu und ich schloss daraus, dass sie schon mehrere Tage keinen Menschen mehr gesehen hatten. Nun holte ich die beiden andern herbei. Wir untersuchten noch einmal alles genau und beschlossen dann, die Nacht über hierzubleiben. Da überlegte ich. Wo Hühner sind, da müssen doch auch Eier zu finden sein. Ich suchte und fand hinter der Hütte im Stroh ein Nest mit 9 Stück und dann im Gebüsch ein weiteres Nest im Laub mit 10 Stück. Wie reich waren wir auf einmal geworden! Jetzt suchten wir Wasser zum Abkochen. Dabei mussten wir einen steilen Hang zu einem Bächlein hinabsteigen. Bis wir zurückkamen, war es dunkel geworden.

Nun wollten wir noch nach den Hühnern sehen. Sie waren nicht mehr, wie ich gehofft hatte, zu ihrem alten

Sitzplatz an der Hütte zurückgekehrt, sondern im Walde geblieben. Weil sich meine Kameraden nicht auf das Hühnerfangen verstanden, ging ich eben allein los, während sie Eier und Kartoffeln kochten. Es war eine schwierige Arbeit. Weil es dunkel war, musste ich lange suchen. Die Hühner mussten ja irgendwo auf den Bäumen sitzen. Ich durfte sie aber nicht nochmals verscheuchen. So kroch ich auf dem Boden dahin und schaute dabei immer nach oben. Wenn da irgendwo ein Huhn saß, dann musste sich das wie eine Silhouette gegen den helleren Nachthimmel abzeichnen. Nach einer halben Stunde, als ich schon aufgeben wollte, fand ich dann wirklich das erste Huhn, das ich sogar vom Boden aus fassen konnte. Jubelnd brachte ich die Beute in die Hütte.

Dann ging ich an denselben Ort zurück. Dort mussten gewiss noch weitere Artgenossen zu finden sein. Es war so. Doch das zweite Huhn entkam mir. Ich musste zum Fangen an einem Baum hinaufklettern. Und dann hatte ich in der Dunkelheit Hals und Schwanz nicht unterscheiden können und nach dem Schwanz gegriffen. Da war es mir mit lautem Geschrei und Geflatter entkommen und ich hielt nur ein paar Federn in der Hand. Ich hatte trotzdem Glück und konnte noch zwei Stück fangen, sodass nun jeder von uns ein Huhn für sich hatte. Und morgen war Sonntag. Heute Abend aber bekam jeder drei Eier. Nach langer Zeit speisten wir wieder einmal an einem regelrechten Tisch. Und als wir uns auf das für drei Personen eingerichtete Strohlager niederlegten, auch nach langer Zeit wieder einmal unter einem schützenden Dach, da hätten wir weinen können vor Bewegung und Dankbarkeit über das, was wir finden durften. Wir sprachen nicht darüber, aber es war uns leid, dass wir uns gezankt hatten. War das, was wir erlebten, nicht ein deutliches Wunder Gottes? War da nicht seine unsichtbare Hand wieder am Werk, die uns hierherführte? Mussten wir uns nicht verlaufen und die Richtung verlieren, um hierherzukommen, wo der Waldweg endete?

13. Mai

Am andern Morgen gab es zum Frühstück vor dem Weitermarsch nochmals drei Eier für jeden. Wir bemerkten, dass immer noch vier Hühner im Wald herumsprangen, und versuchten, nochmals einen Fang zu machen. Aber trotz aller Mühe und Schlauheit wollte es nicht glücken. Da fühlten wir, dass es nicht sein sollte. Wir sollten uns begnügen mit dem, was wir hatten, und durften Gottes Gabe nicht unersättlich an uns reißen wollen. Er würde uns das tägliche Brot nach Bedarf zuteilen, wie die Israeliten das Manna in der Wüste auch nur für einen Tag bekamen. So ließen wir ab von unseren

Fangversuchen und betrachteten die noch herumflatternden Hühner, als gehörten sie in unseres guten Gottes Hühnerhof. Am Mittag aber bereiteten wir uns an einem Bächlein eine gute Hühnersuppe. Wir konnten an diesem Tag eine weite Strecke zurücklegen und am Abend mit unserer Marschleistung zufrieden sein.

14. Mai
Schrecksekunden

Vor dem Aufbruch am folgenden Tag lasen wir wieder die Tageslosung: »Ich habe mein Angesicht im Augenblick des Zorns ein wenig vor dir verborgen; aber mit ewiger Gnade will ich mich dein erbarmen, spricht der Herr, dein Erlöser« (Jes. 54,8). Ludwig wollte aus diesen Worten heraushören, dass es heute einen gefährlichen Augenblick geben könne und dass man aufpassen müsse. Rudolf meinte allerdings, in diesem Wald könne man höchstens Bären begegnen. Ich las dann den dabeistehenden Lehrtext: »Eure Traurigkeit soll in Freude verkehrt werden« (Joh. 16,20). Dieses Wort zerstreute dann unsere Sorgen, weil es so klang, als dürften wir Freude erleben. Diese hatten wir auch, als wir uns um die Mittagszeit nochmals eine gute Hühnersuppe kochen konnten. Dann aber begann sich der Wald zu lichten und wir kamen wieder in bewohnte Gegenden. Wir gingen jetzt wieder nahe am Flusslauf der Mohra entlang. Da kamen wir an einen offenen Geländeabschnitt. Vor uns lag eine Wiese, die bis an den Rand des Flusses reichte. Weiter oben am Hang schloss sich ein Acker an, auf dem eine Frau arbeitete. Sonst war niemand zu sehen. Jenseits der Wiese, nur etwa zweihundert Meter entfernt, lag wieder ein Waldstück. Ich glaubte, dass wir diese kurze Strecke, ohne aufzufallen, hinter uns bringen könnten, und schritt kräftig voran. Wir waren jedoch kaum hundert Meter gelaufen, da kam oben am Hang ein Pferdefuhrwerk aus demselben Wald heraus, den wir hinter uns ließen. Es waren russische Soldaten, die sofort auf uns aufmerksam wurden und uns durch Rufen und Gestikulieren zum Anhalten aufforderten. Da wir jedoch so taten, als hörten wir nichts, und unsere Schritte beschleunigten, sprangen einige vom Wagen und schossen, die andern peitschten die Pferde, um uns den Weg abzuschneiden. Wir aber eilten dem nahen Walde zu. Nur noch wenige Schritte, dann hatten wir ihn erreicht. Wie erschraken wir jedoch, als wir sahen, dass dieser Wald von russischen Fahrzeugen und Soldaten bis an den Rand besetzt war und wir mitten in einen russischen Lagerplatz hineingelaufen waren. So nahe standen wir vor den verdutzten Russen, die sich da um ihre Pferde kümmerten, dass wir ihnen hätten die Hand reichen können. Es war ein schockierender Augenblick. Hinter uns näherten sich die schreienden und schießenden Russen mit dem Pferdefuhrwerk. Vor uns im Wald wurde es unter lauten Kommandorufen ebenfalls lebendig.

Was nun geschah, war eine Augenblicksreaktion ohne langes Überlegen. Mit ein paar Sätzen waren wir wieder aus dem Lagerplatz heraus und rannten am Waldrand entlang dem Fluss zu. Ich hatte nur den einen Gedanken: Hinüber über das Wasser und drüben den bewaldeten Steilhang hinauf! Wir liefen wie die Rehe und was die Füße geben konnten. Nach etwa zweihundert Metern hatten wir den Fluss erreicht, der dort ein Knie machte und dessen Ufer glücklicherweise mit dichtem Gebüsch bewachsen war. Konnten wir den Fluss durchschreiten? Er war nur etwa zehn Meter breit, war nicht allzu tief, hatte aber dort ein starkes Gefälle und war sehr reißend. Es gab keine lange Überlegung. Ich wusste, dass man im Wasser nur langsam vorwärtskommt und leicht beschossen und getroffen werden kann. Also hinein und schnell hinüber! Es war aber mühsam und gefährlich in dem steinigen Flussbett und in dem reißenden Wasser, das uns an manchen Stellen fast bis an die Brust reichte. Man konnte sich gerade noch mit dem Stock aufrecht halten. Da schrie Ludwig hinter mir: »Ach Gott, ich versink!« Die Strömung hatte ihn umgeworfen. Ich griff nach ihm. Er war gleich wieder auf den Beinen. Auch Rudolf jammerte: »Ich kann nicht mehr!« Ich rief ihnen Mut zu und war dann auch am andern Ufer angelangt.

Da verließen auch mich die Kräfte. Es war mir, als wären meine nassen Kleider zentnerschwer. Doch das näher kommende Schreien und Schießen der Russen schreckte mich auf. Sie hatten wohl unsere Spur verloren und unseren Übergang über den Fluss nicht bemerkt. Jetzt schossen sie planlos im Gelände herum. Meine beiden Kameraden lagen auch noch ganz entkräftet neben mir. Da riss ich mich wieder zusammen und munterte die beiden auf. Wir mussten hier weg und rasch den Steilhang hinauf, tiefer in den Wald hinein, wenn wir nicht riskieren wollten, doch noch vom andern Ufer aus entdeckt zu werden. Wir schafften es aber nur langsam. Besonders bei Rudolf musste ich bitten und drängen, dass er mitkam.

Von oben konnten wir dann sehen, wie die Russen tatsächlich das Gebüsch am andern Ufer genau absuchten. Wir aber gingen nach kurzer Rast und Erholung noch einen Kilometer weiter. Dann zogen wir unsere nassen Kleider aus, drückten das meiste Wasser heraus, legten sie wieder an und liefen dann stundenlang, um uns zu erwärmen und die Kleider zu trocknen. Jetzt, als wir uns alle wieder einigermaßen beruhigt hatten, kam es zur Aussprache. Ich musste mir heftige Vorwürfe gefallen lassen und sie waren berechtigt. Wir waren zwar wieder einmal davongekommen, aber um ein Haar hätte es ganz böse enden können. Die beiden hielten mir vor, ich hätte sie beinahe den Russen in die Hände geführt und spiele durch mein unvorsichtiges Vorgehen mit ihrem Leben. Von der Tageslosung her hätte man wissen können, dass es heute einen gefährlichen Augenblick geben würde. Ich bedauerte, was geschehen war, und gab zu, dass wir vor dem Überschreiten der Wiese längere Zeit hätten beobachten sollen. Andererseits gab ich zu bedenken, dass wir durch Überängstlichkeit unsere Zeit nicht vertrödeln dürften und darauf bedacht sein müssten, so rasch wie möglich aus dieser gefährlichen Gegend herauszukommen. Als wir uns nach Mitternacht mit unseren noch nassen Kleidern auf dem Waldboden zum Schlaf niederlegten, war mein Inwendiges voll Dank für die erfahrene Rettung. »In wie viel Not hat nicht der gnädige Gott über dir Flügel gebreitet!« Wie können sich Menschen doch gegenseitig so gefährlich und feindselig sein! Was war dagegen hier mitten im Wald für ein guter Frieden unter den Tieren, die da in unserer Nähe herumschnüffelten, unter den Rehen, an deren bellende Laute wir allmählich gewöhnt waren, und unter den Nachtvögeln, deren Rufe aus den Baumwipfeln kamen.

15. Mai
Einladung zum Frühstück

Als wir morgens erwachten, war schon heller Tag. Wir wollten eigentlich schon früher aufbrechen, denn wir mussten ja, wenn wir unsere Richtung einhalten wollten, wieder auf die andere Seite des Flusses kommen. Und da wollten wir sehen, ob wir noch vor Tagesanbruch einen Übergang fänden. Unsere Umschau ergab, dass nicht weit entfernt, nahe einer Ortschaft, eine gesprengte Brücke war. Wir beobachteten auch, wie ein Zivilist über die Trümmer hinweg den Fluss überschritt. Da wagten wir es auch und gingen an dieser Stelle hinüber, ohne bemerkt zu werden. Dann marschierten wir wieder rüstig im Wald voran.

Unsere Verpflegung ging wieder zur Neige. Die Kartoffeln, die wir bei uns trugen, reichten gerade noch für eine Mahlzeit. Wir einigten uns, diese erst am Nachmittag oder gegen Abend einzunehmen und jetzt, solange es noch ging, mit leerem Magen zu marschieren. Da wurde uns ein unerwartetes Frühstück beschert. Wir waren schon einige Stunden auf dem Weg, als wir eine Kuh im Waldgras liegen sahen. Sie sprang zwar auf, als wir ihr nahe kamen, aber ich lockte sie und fing sie ein. Eine Kette war um ihre Hörner geschlungen. Sie war also scheinbar ausgerissen oder verjagt worden, als die Kriegsfront hier über die Gegend hinwegging. Da ich aber annahm, dass die Kuh uns nicht von ungefähr an den Weg gestellt war, band ich sie an einen Baum, nahm mein Kochgeschirr und begann sie zu melken. Es reichte jedem einen vollen Becher. Das war eine großartige Erfrischung. Wir konnten uns ja nicht einmal mehr daran erinnern, wie viel Monate es her war, seit wir die letzte Milch getrunken hatten. Dann band ich die Kuh wieder dankend los und überließ sie ihrem Schicksal. Wir hörten auch bald Menschenstimmen im Wald. Vielleicht waren es Leute, die nach der Ausreißerin suchten.

Am Nachmittag aßen wir unsere Kartoffeln vollends auf und lagen dann bis zum Einbruch der Dunkelheit in einem Gebüsch. Halbwüchsige tschechische Burschen durchstreiften nämlich den Wald und warfen immer wieder mit lautem Geschrei Handgranaten ins Dickicht. Wie wir später erfuhren, suchten sie auf diese Weise, manchmal auch in Begleitung von Hunden, die Wälder nach deutschen Soldaten ab.

16. Mai

Am andern Morgen beschlich uns wieder die Sorge ums tägliche Brot. Wie rasch kann man doch wieder in den Kleinglauben verfallen! Um die Mittagszeit fanden wir aber am Waldrand einen Kartoffelacker. Da kehrten wir notgedrungen wieder zur alten Methode zurück und gruben Saatkartoffeln aus. Es war nun allerdings bemerkenswert, dass uns bei dieser Selbstbedienung keineswegs das Gewissen schlug. Im Grunde war dies doch auch Diebstahl. Der Unterschied zum versuchten Einbruch in einen Hasenstall bestand doch nur darin, dass es sich dort um eingeschlossenes Eigentum handelte, während hier alles offen herumlag. Wir waren allerdings der Meinung, dass dieser Unterschied wesentlich sei und man hier allenfalls von Mundraub reden könnte, den man in diesem Ausnahmefall und angesichts der ohnehin vom Krieg verwüsteten Felder ohne Gewissensbedenken erlauben müsste. Wir hielten es jedenfalls für kein Problem und scharrten munter im Ackerboden. Die Ausbeute war jedoch bescheiden, weil auch hier aus Sparsamkeitsgründen nur zerstückelte Kartoffeln in die Erde gelegt waren. Außerdem beteiligte sich Ludwig nicht am Ausgraben, weil er, wie er sagte, doch keine finde und weil ihm die Finger wehtäten. Er beobachtete dafür aufmerksam die Umgebung und sammelte nebenher ein, was wir beide zutage förderten. Diese Flurschändung wäre allerdings gar nicht nötig gewesen, denn eine Stunde nachher fanden wir am Waldrand, schön im Gebüsch versteckt, einen Sack mit Kartoffeln, aus dem wir unsere Ration ergänzten. So waren wir wieder für einen Tag versorgt.

17. Mai
Ermutigende Überraschungen

Am folgenden Tag erfuhren wir wieder ein merkwürdiges Zeichen göttlicher Fürsorge. Unsere Marschrichtung führte uns wieder in einen großen Wald hinein. Stundenlang gingen wir auf schmalen Waldpfaden durch ein immer dichter werdendes Gehölz. Langsam beschlich uns die Sorge, wir könnten da in ein Waldgebiet geraten sein, aus dem wir tagelang nicht mehr herauskämen. Wie würde es da wohl mit unserem täglichen Brot werden? Es war um die Mittagszeit. Wir hatten heute noch nichts gegessen und waren durch den langen Marsch müde und hungrig geworden. Da sahen wir nahe am Weg einen Aluminiumtopf mit breiten Nudeln und einen weißen Porzellanteller danebenstehen. Es war alles wie zum Essen bereitgestellt. Geschwind erschraken wir in der Vermutung, hier müssten auch Menschen in der Nähe sein. Wir hörten und sahen aber niemand. Die Nudeln waren weich gekocht, vielleicht schon einen Tag alt und eingedickt, aber, wie ich rasch feststellte, unverdorben, weil sie in Fett zubereitet waren. Die Speise war völlig unberührt und der Teller unbenützt. Nur ein wenig Regenwasser hatte sich darin angesammelt. Wir fragten uns, wie wohl der Topf mit den Nudeln hierhergekommen sein könnte. Es war keine Ortschaft in der Nähe. Wir sahen auch keine Feuerstelle, wo die Nudeln abgekocht wurden. Hatte hier jemand essen wollen und war verjagt worden? Oder musste irgendeine gütige Hand unter dem Zwang einer Eingebung diese Speise in den Wald hinaustragen und an den Weg stellen? Wir wussten es nicht und wollten es auch nicht wissen. Wir

136

wussten nur eins, dass dies wieder ein Zeichen dafür war, wie greifbar nahe uns Gott mit seiner Fürsorge begleitete. Ich brachte die Geschichte von dem Propheten Elia in Erinnerung, der einmal lebensmüde in die Wüste hinauslief, um zu sterben, und der dann, als er wieder erwachte, ein geröstetes Brot und einen Krug mit Wasser bei sich stehen sah. Im Religionsunterricht hatte es damals so märchenhaft geklungen, wie dieser Elia ernährt wurde. War nun dies nicht alles auch bei uns greifbare Wirklichkeit geworden? Ja, wir sagten uns: Wenn wir das alles einmal daheim berichten können, dann werden sie es uns nicht glauben und auch meinen, wir würden ihnen Märchen erzählen.

Wir nahmen beglückt den Topf voller Nudeln mit bis zu einer geeigneten Stelle, wo wir ein Feuer anzünden und die Nudeln in unseren Kochgeschirren aufwärmen konnten. Es war eine notwendige und wunderbare Stärkung, die wir mit Staunen und großer Dankbarkeit zu uns nahmen.

Nachdem wir uns leiblich und seelisch wieder erfrischt fühlten, setzten wir unseren Marsch durch den Wald fort, mehrere Stunden lang. Dann begann sich der Wald zu lichten und bald sahen wir eine offene Wiesen- und Ackerlandschaft vor uns, die uns am Weitergehen hinderte. Da wir wieder Müdigkeit in unseren Beinen spürten, war uns die Rast willkommen. Wir verbargen uns in einem jungen Tannenwäldchen, wo wir einen freien, von der Spätnachmittagssonne beschienenen Platz fanden. Da flickten wir zunächst an unseren Schuhen, die langsam aus den Nähten gingen. Dann versuchten wir, uns einmal gründlich zu entlausen. Wir machten uns über unsere erbärmlich aussehende Unterwäsche her. Als Soldaten wussten wir schon, in welchen Falten die Quälgeister zu finden waren. Nun wollten wir uns zur Unterhaltung aus der Läusejagd einen Spaß machen und in einem Wettkampf feststellen, wer zuerst hundert Stück fangen könne. Dabei redeten und lachten wir unvorsichtig laut. Plötzlich hörten wir in der Nähe eine Männerstimme rufen: »Hallo!« War man uns auf die Spur gekommen? Immer wieder hörten wir das Hallo, das offenbar uns galt und immer näher kam. Wir hörten das Rascheln zwischen den Bäumchen und zogen schnell unsere Kleidungsstücke an, um weglaufen zu können. Aber da stand der Hallo-Rufer schon vor uns, ein Mann mit einem Strick in der Hand. Er machte sofort beruhigende Zeichen und sprach uns auf Deutsch an. Er sagte, er habe da Stimmen gehört und sofort vermutet, hier könnten vielleicht deutsche Soldaten versteckt sein. Er sei Sudetendeutscher, sei auch beim Volkssturm gewesen und jetzt wieder daheim. Aber er sei jetzt auch wie alle im Ort ganz arm geworden. Sie hätten fast nichts mehr zu essen, auch kein Brot mehr. Die

Russen hätten alles weggenommen. Auch das Vieh hätten sie abgetrieben und jedem Bauern nur noch eine Kuh gelassen. Jetzt suche er da die Wälder ab, ob er vielleicht noch eine Kuh finde, die sich da herrenlos herumtreibe oder versteckt sei, damit er wenigstens wieder zwei Kühe habe, um die Felder bestellen zu können. Wir konnten ihm mitteilen, dass wir unterwegs eine Kuh gesehen hätten, aber das sei zwei Tagesmärsche entfernt gewesen. Nun fielen wir mit Fragen über ihn her, wie es in der Welt aussehe und wie es vor allem an der Front stehe. Es war der 17. Mai. Der Mann wunderte sich, dass wir noch nichts wüssten. Der Krieg sei doch aus, sagte er. Deutschland habe kapituliert. Seit dem 8. Mai sei Waffenstillstand. Wir konnten uns vor Überraschung kaum fassen. Wir wollten dann wissen, was mit Hitler sei. Der sei tot, hörten wir, schon seit dem 1. Mai. Und Goebbels habe sich mit seiner Familie vergiftet. Diese Nachrichten waren für uns eine wahre Sensation. Dass der Krieg, dieses furchtbare Blutvergießen, zu Ende sei, das machte uns fast trunken vor Freude. Ludwig zog eine von seinen drei Uhren heraus, die er noch hatte, und schenkte sie dem Mann für seine frohe Botschaft. Darüber war dieser hocherfreut und erklärte, jetzt sei er in seiner Ortschaft der Einzige, der wieder eine Uhr besitze. Die Russen hätten jedermann die Uhren abgenommen. Dann erkundigten wir uns über den

Weg nach Mährisch-Schönberg und ließen uns in eine Richtung weisen, wo wir bald in rein sudetendeutsches Gebiet kämen. Wir meinten, wenn der Krieg zu Ende sei, dann müssten wir doch ohne Gefahr laufen können, dann dürfte uns doch niemand mehr gefangen nehmen. Doch der Mann warnte uns eindringlich und mahnte uns zu äußerster Vorsicht. Die Tschechen machten, wie er sagte, förmlich Menschenjagd auf deutsche Soldaten. Und auch die Russen würden jeden einfangen, den sie zu Gesicht bekämen. So mussten wir also auch weiterhin vorsichtig bleiben. Doch hatte die Nachricht vom Kriegsende ganz unwahrscheinlich unsere Beine belebt und unseren Drang nach Hause verstärkt. Zügig marschierten wir, als es dunkel wurde, über die weiten Felder weg, fast die ganze Nacht hindurch.

Wir hatten jetzt einen neuen Gesprächsstoff. Da war doch eine Welt eingestürzt. Da war doch ein Regime zusammengebrochen, das wie auf einem Felsen stand und von dem man immer in großen Worten behauptete, es sei für die Ewigkeit gebaut. Und was würde nun mit Deutschland geschehen? Würden das nun die Siegermächte untereinander aufteilen? Und was würde wohl mit den Menschen geschehen? Würden sie am Ende auch abgetrieben wie das Vieh? Und wie würden sich wohl die Russen rächen für das, was der Krieg in ihrem Land angerichtet hatte? Oder könnte es jetzt doch so weit kommen, wie jener NS-Betreuungsoffizier meinte, dass Amerikaner und Russen einander in die Haare kämen? Wir waren voller Fragen, Vermutungen und Hoffnungen. Es trieb uns jetzt förmlich, so schnell wie möglich die Heimat zu erreichen.

18. Mai

Am folgenden Tag fanden wir auf einem ehemaligen Rastplatz deutscher Soldaten, den wir vergebens nach Brot absuchten, eine leere Milchkanne. Die nähere Untersuchung ergab, dass darin einmal Schmalz war. Der Inhalt war zwar verbraucht. Aber wenn man diese Kanne ans Feuer stellte, würde vielleicht doch noch etwas Fett zusammenlaufen. Wir hatten nur noch ein paar Kartoffeln. Diese kochten wir, schnitzelten sie in die Milchkanne und stellten sie ans Feuer. So entstanden wohlschmeckende Bratkartoffeln. Wiederum waren wir für einen Tag versorgt. Trotzdem suchten wir auf dem Weiterweg fleißig alle Plätze ab, wo Soldaten gelagert hatten. Wir hätten gerne wieder einmal ein Stücklein Brot gehabt, aber wir fanden nichts. Nachdem wir uns gegen Mitternacht unter den Tannen müde zur Ruhe niederlegten und die Sterne am klaren Nachthimmel zwischen den Baumkronen sahen, ging unser Bitten und Hoffen zu Gott, er möge unsere leeren Hände doch auch morgen wieder mit dem täglichen Brot füllen.

Hilfreiche Begegnungen

19. Mai

Dieser andere Tag war der Samstag vor Pfingsten. Stundenlang waren wir schon hungrig durch den Wald gelaufen. Heute ließ sich nichts finden. Gottes Hand war wie verschlossen. Wenn wenigstens der Wald wieder enden würde und wir auf Felder kämen, dann könnten wir vielleicht wieder Kartoffeln finden. Der Wald aber bot nichts außer den Heidelbeerblüten, die wir dann aßen und die auch gut waren.

Um Mittag fing es an zu regnen. Eine Stunde lang marschierten wir noch. Da kamen wir endlich an eine Lichtung, in der ein einzelnes Gehöft stand. Wir beobachteten es eine Zeitlang vom Waldrand aus. Da drinnen wohnten Leute, die gewiss Brot hatten und eine Heimat, während wir uns wie Diebe unstet durch die Wälder schleichen mussten. Wohnten wohl Deutsche oder Tschechen in diesem Haus? Russen waren wahrscheinlich keine da, denn es war kein Fahrzeug zu sehen. Ich machte den Vorschlag, an das Haus näher heranzugehen. Rudolf meinte, es sei zu gefährlich und wir sollten lieber weitermarschieren. Ludwig aber, der immer hungrige Ludwig erklärte, man solle nichts unversucht lassen. Ich solle in das Haus hinübergehen. Er und Rudolf wollten dann im Walde warten und von der Ferne beobachten, was daraus würde. Da ich eine Frau bei dem Haus beschäftigt sah, wie sie Holz ins Trockene brachte, wagte ich es und ging auf sie zu. Wir hatten Glück, es waren Deutsche. Ich fragte, ob wir in ihrem Haus vor dem Regen ein wenig Schutz suchen und unterstehen dürften. Ja, wir sollten doch hereinkommen. Da winkte ich meine Kameraden herbei. Im Haus hatten schon ein Mann und eine Frau Schutz gesucht. Als diese uns sahen, teilten sie sofort ihr ganzes Vesperbrot unter uns. Man musste uns den Hunger angesehen haben. Wir selbst merkten es uns gegenseitig nicht mehr an, wie uns die vergangenen Wochen strapaziert hatten und wie heruntergekommen wir aussahen. Die Hausfrau, die selbst auch auf die Heimkehr ihres Mannes wartete, gab uns auch etwas Brot und Kaffee. Währenddessen stand vor dem Haus ein Mädchen auf Beobachtungsposten, um melden zu können, wenn die Russen kämen. Wie die Frau sagte, kamen sie fast jeden Tag. Beim ersten Mal sei es am schlimmsten gewesen. Da seien sie alle in eine kleine Kammer hineingetrieben worden und hätten sich nicht rühren dürfen, während das ganze Haus durchstöbert und ausgeplündert wurde. Aus einem Versteck brachte sie dann die Fotos von ihrem Mann hervor. Sie sagte, man könne kein Soldatenbild offen aufstellen, sonst seien die Russen noch rabiater. Als wir mit herzlichem Dank von dieser Frau schieden, gab sie uns noch ein wenig Schmalz mit und jedem ein Ei.

Zufrieden und beglückt marschierten wir trotz des Regens im Wald weiter. Da begegneten wir gegen Abend einem Bauern, der mit einem Wagen und mehreren Kühen daherkam. Er hatte eine Tochter bei sich, die wie eine alte Frau gekleidet war und ein schwarzes Kopftuch tief ins Gesicht gezogen hatte. Wir hatten einander zu spät bemerkt, sodass wir einander nicht mehr ausweichen konnten. So gingen wir eben aufeinander zu. Der Bauer und seine Tochter hatten eine schreckliche Angst, denn sie hielten uns in unseren Uniformen zunächst für Russen. Sie waren dann froh und erleichtert, als sie merkten, dass wir Deutsche waren. Der Bauer erklärte uns, er sei heute den ganzen Tag mit seinen Kühen im Wald gewesen und habe sie verborgen gehalten, weil die Russen ins Dorf gekommen seien, um zu plündern. Jetzt sei er auf dem Heimweg und hoffe, dass die Russen wieder fort seien. Wir fragten ihn, ob er etwas zum Essen bei sich habe. Er hatte nichts. Doch zeigte er uns ein Gebüsch, in dem wir warten sollten. Er wolle jetzt sein Vieh heimschaffen. Dann wolle er uns etwas zum Essen herausbringen. Und wirklich, in einer Stunde kam er in Begleitung eines anderen Mannes und brachte uns Brot und einen großen Topf mit Milch. Die beiden wollten sehen, wie es uns schmeckte. Da sahen sie allerdings etwas, was sie nicht alle Tage sehen konnten. Es kam uns auch selbst vor, als hätte unser Magen keinen Boden mehr.

Als wir dann in der Nacht einen Platz zum Schlafen im Walde suchten, stießen wir nochmals auf Leute, die ihr Vieh ängstlich auf schmalen Wegen trieben. Sie erschraken ebenfalls in der Meinung, wir seien Russen, die ihnen nun ihr Vieh wegnehmen wollten. Es war eine junge Frau dabei, die auch so alt und lumpig gekleidet war wie jenes Bauernmädchen. Wir erfuhren dann auch, aus welchem Grund. Bei den Russen, erklärten sie uns, dürfe man ja nicht schön aussehen. Das sei zu gefährlich. Deshalb würden sie sich ganz unscheinbar kleiden, die Haare nicht mehr kämmen und möglicherweise noch das Gesicht mit Ruß oder Erde beschmieren. So könnten sie sich am besten vor begehrlichen Zugriffen schützen. Auch diese Leute trieben nun ihr Vieh wieder heim in die Ställe. Jeden Morgen um vier Uhr würden sie dann, wie sie sagten, das Vieh wieder in den Wald herausführen und verstecken. Sie gaben uns dann eine Kanne gesüßten Kaffee und jedem ein Stück Pfingstkuchen und meinten, wir sollten doch heute Nacht in ihrem Bunker schlafen, wo sie tagsüber ihr Vieh versteckt hätten. Da regne es nicht hinein. Sie führten uns dann zu diesem verborgenen Unterschlupf, wo wir auf weichem Heu im Trockenen schlafen konnten.

20. Mai
Pfingstfest

Morgens um vier Uhr kamen diese Leute wieder mit ihrem Vieh. Auch der Bürgermeister des Ortes kam mit und brachte sein Pferd. Aber auch eine Frau war dabei, die besonders an uns gedacht hatte. Sie brachte uns Milch, einen Laib Brot, einige Stücke Pfingstkuchen und ein Stück Speck. Diese mütterliche Fürsorge, die uns eine unerwartete Pfingstfreude bereitete, rührte uns zu Tränen und wir schämten uns unserer Gefühle nicht. Es kam uns vor, als hätten wir nun die größten Gefahren und Schwierigkeiten überstanden und schon ein Stück Heimat erreicht. Die guten Leute ließen uns wissen, dass wir uns jetzt in einem Gebiet befänden, das fast durchweg von Deutschen bewohnt sei. Wir sollten aber trotzdem äußerst vorsichtig sein und jede Begegnung mit Russen und Tschechen vermeiden.

Gut gestärkt und wie neu belebt brachen wir auf. Nach einigen Stunden sahen wir in einem Tal eine kleine Ortschaft liegen. Die Häuser zogen uns jetzt unwiderstehlich an. Wir, die wir in den vergangenen Wochen immer nur wie scheues Wild durch die Wälder geschlichen waren, hatten ein starkes Verlangen nach Geborgenheit, nach Haus und Heimat und deutschen Menschen. So gingen wir mutig gleich an das erste Haus heran. Es war zwar unverschämt, aber wir hatten schon wieder Hunger. Eine Frau, die gerade zur Kirche gehen wollte, hieß uns in ihr Haus zu gehen. Da stellte uns ihr Mann Milch und Brot auf den Tisch, so viel wir haben wollten.

Von jetzt ab bemühte ich mich, eine bessere Landkarte zu bekommen. Zu diesem Zweck wollten wir in derselben Ortschaft noch in ein anderes Haus gehen. Doch da kam uns der Hausherr mit abwehrenden Handbewegungen entgegen: »In mein Haus kommt keine Uniform herein! Seid ihr denn wahnsinnig, so herumzulaufen? Warum habt ihr noch keine Zivilkleider?« Wir waren erstaunt, so hart angefahren zu werden, und wollten uns rechtfertigen. Woher sollten wir denn Zivilkleider nehmen? Wir waren ja erst seit heute wieder richtig unter Menschen. Da meinte der Mann, wir könnten unmöglich so weiterlaufen. Das ganze Land sei ja voller Russen, die jeden deutschen Soldaten einfingen. Er würde uns gerne aushelfen, aber er habe auch nur noch den Anzug, den er am Leibe trage. Doch wolle er versuchen, in der Nachbarschaft noch etwas für uns aufzutreiben. Wir sollten einstweilen dort oben in dem Wäldchen warten. Er ging dann in einige Nachbarhäuser und brachte uns bald drei Vagabundenkittel. Nun zogen wir unsere Feldblusen aus und warfen Mützen und Koppeln weg, was der Mann fein säuberlich im Wald vergrub, um es, wie er sagte, wieder auszugraben, wenn die Zeiten einmal ruhiger seien. Sonderbar sahen wir aus in den ungewohnten Kleidungsstücken, die mehr Löcher als gute Stellen aufzuweisen hatten. Doch wir freuten uns daran, neckten uns gegenseitig, indem wir die an den Löchern heraushängende Polsterwatte oder Innenfütterung noch weiter herauszogen, und fühlten uns schon einigermaßen geborgen in der neuen Zivilkluft.

Wir meinten, jetzt brauchten wir nicht mehr so vorsichtig zu sein. Und weil es an diesem Pfingstsonntagmittag wieder zu regnen anfing und wir nahe eines Dorfes waren, gingen wir einfach hinein, um irgendwo ins Trockene zu kommen. Der Hausherr, bei dem wir anfragten, hatte zwar keine große Freude an uns, doch ließ er uns in seine Scheune eintreten. Er brachte uns auch eine großartig schmeckende Suppe heraus. Wir hatten keine Lust, im Regen weiterzugehen. Doch nach kurzer Zeit kam der Hausherr wieder und hieß uns eiligst verschwinden. Die Russen seien im Dorf, um nach deutschen Soldaten zu suchen. Da verließen wir die Scheune, gingen aber am Ende des Dorfes, nahe am Waldrand, wieder in ein Haus, in dem wir herzlich aufgenommen wurden. Hier konnten wir uns sogar wieder einmal ordentlich waschen. Dann wurden wir noch mit einem guten Essen überrascht, mit Kraut und Wurst und einem heißen Kaffee. Hier blieben wir, bis wir die Frauen und Mädchen aus dem Dorf in den Wald flüchten sahen. Da wussten wir, dass die Russen nahe waren, und verschwanden ebenfalls. Spät in der Nacht klopften wir nochmals an einem abgelegenen Hause an und wurden freundlich aufgenommen. Die Leute setzten uns Pfingstkuchen und Milch vor und brachten dann Stroh in die warme Stube, wo wir herrlich schlafen konnten.

21. Mai

An diesem Tag gelang es mir, in einer Ortschaft für jeden von uns eine zivile Hose und Mütze zu bekommen und zur Orientierung eine bessere Landkarte. Zwar hatten wir jetzt die Hauptstücke des Militarismus abgelegt, sahen aber nun wie Verbrecher aus. Ich glaube, wir hätten uns selbst gefürchtet, wenn wir uns begegnet wären. Wie wohltuend aber war es, unter hilfsbereiten Menschen zu sein! Und es war rührend, wie sich die Sudetendeutschen um uns bemühten, wie sie uns vor allem mit Milch und Brot versorgten. Die Umstellung auf diese bessere und reichlichere Kost war aber für unsere hauptsächlich auf Kartoffeln eingestellten Verdauungsorgane mit lästigen Begleiterscheinungen verbunden. Die Milch wirkte sich besonders bei meinen Kameraden verheerend aus, während ich sie besser vertragen konnte. Ludwig war am stärksten betroffen. Die dadurch erzwungene Zurückhaltung in der Nahrungsaufnahme fiel ihm besonders schwer. Wir kamen auch bei unserem Weitermarsch nur langsam voran, weil von meinen beiden Begleitern in fast regelmäßigem halbstündigen Wechsel einer für eine Weile jammernd ins Gebüsch ging.

22. Mai

Unsere Orientierung war jetzt anhand einer neuen Landkarte wesentlich besser. Nun konnten wir wenigstens auch die Namen der Ortschaften erfahren, die wir streiften, und genauer feststellen, wo wir uns befanden. Wir hielten auf Mährisch-Schönberg zu, wollten dort die March überschreiten und quer durch die Tschechoslowakei hindurch den Bayerischen Wald erreichen. Rudolf war ja ein Bayer, Ludwig in Baden und ich in Württemberg daheim. So hielten wir diese Strecke für den kürzesten Weg zur Heimat. Es war jedoch merkwürdig, dass wir immer mehr nordwärts gedrängt wurden. Überall wurden wir vor Mährisch-Schönberg und seiner Umgebung gewarnt, weil da wieder die tschechische Bevölkerung in der Mehrzahl sei. Auch stießen wir wieder auf das Vorhandensein einer starken russischen Besatzung.

Als wir in Schöntal, einem kleinen Ort, wieder an einem Haus vorsprachen, baten uns die Leute händeringend, wir sollten doch rasch wieder in den Wald zurückgehen. Die Russen würden jeden Tag mehrmals kommen und die Häuser nach verborgenen deutschen Soldaten durchsuchen. Das sei auch für sie als Hausbewohner sehr gefährlich. Auch die Wälder würden jetzt genau durchgekämmt. Dabei seien die tschechischen Polizisten noch schärfer als die Russen. Eine Frau gab uns mit vielen Glückwünschen sechs Eier und berichtete, die Russen hätten erst heute bei ihr auch einen Soldaten herausgeholt, der geschwind etwas essen wollte. Wir waren zwar durch solche Nachrichten nicht erbaut, doch waren wir allmählich in unseren Zivilkleidern weniger ängstlich geworden und machten gleich im Wald ein Feuer und einen mächtigen Rauch, während wir unsere Eier kochten.

Am Nachmittag regnete es wieder. Wir hatten Mühe, über eine belebte Straße zu kommen, auf der dauernd die tschechischen Streifen auf und ab fuhren. Rudolf hatte es erneut mit der Angst zu tun. Um jede Gefahrenstelle wollte er einen kilometerlangen Umweg machen. Darüber gerieten wir manchmal hart aneinander. Gegen Abend stießen wir in einem einsamen Gelände auf einen halb verfallenen Schafstall. Darin fanden wir fünf deutsche Soldaten, die ebenso wie wir den Heimweg

151

suchten. Sie waren auch in Zivil, doch weitaus besser gekleidet als wir. Zum Teil trugen sie Mäntel, neue Anzüge und Krawatten, konnten sich also besser als wir in der Öffentlichkeit sehen lassen, ohne aufzufallen. Wir mussten uns nur wundern, woher sie diese guten Sachen bekommen konnten. Sie kamen aus der Mitte der Tschechoslowakei und wollten jetzt so rasch als möglich nordwärts auf schlesisches und damit auf rein deutsches Gebiet gelangen. »Nur weg von den Tschechen«, war ihre Losung. Sie hielten uns für wahnsinnig, als sie von unserer Absicht erfuhren, durch die Tschechoslowakei gehen zu wollen. Auf diesem Wege, prophezeiten sie, werdet ihr nicht lebend nach Hause kommen.

Sie hatten auch schon allerlei mitgemacht. Einer war in den langen Gefangenenzügen von Prag bis Olmütz marschiert. Die Russen hätten ihnen immer wieder die Entlassung versprochen, sie aber dessen ungeachtet immer weiter nach Osten geschafft. In den Dörfern, durch die sie kamen, seien sie von den Tschechen bedroht und angespuckt worden und der Marsch sei mit großen Hungerstrapazen verbunden gewesen. Da sei er mit einigen Kameraden unterwegs ausgerissen. Die tschechische Bevölkerung hätte aber oftmals auf sie Jagd gemacht. Nun wollten sie irgendwo an einer Straße warten, bis ein deutscher Rückwanderertreck käme, wollten sich da anschließen und auf diese Weise über die deutsch-tschechische Grenze nach Schlesien kommen.

Wir wussten zwar nicht, wieweit wir den Aussagen dieser nicht ganz durchschaubaren Gruppe trauen konnten, wurden nun aber doch in unseren Plänen unsicher. Rudolf hielt an unserer alten Absicht fest. Aber Ludwig und ich neigten nun doch auch mehr zu einem Weg über Schlesien. Da war man wenigstens überall unter deutschen Menschen. Freilich stand dann die Frage ungelöst vor uns, wie wir über die Elbe kommen könnten. Denn dort vermuteten wir die russische Demarkationslinie. Als es dunkelte, gingen die anderen Landser ins nächste Dorf, um zu übernachten. Wir drei entschieden uns nachher auch für den Weg nach Schlesien und suchten ebenfalls ein Dorf auf, wo wir uns mutig ein Nachtessen zusammenbettelten. Die Ortschaft war zwar mit Russen belegt, aber in diejenigen Häuser, vor denen ein Auto stand, gingen wir eben nicht hinein. Allerdings brauchten wir fünf Häuser, bis wir endlich satt waren. Dann schliefen wir in einem Stall.

23. bis 25. Mai

Am andern Tag gelangten wir nach Philippstal, ein schönes an den Wald angrenzendes Dorf. Sofort waren wir umringt von einigen Frauen, die uns in unserer Tracht bewunderten und meinten, sie hätten noch nie solche verlumpten Bettler gesehen. Auf unsere Frage nach einem Rückwanderertreck erfuhren wir, dass diese Frauen von Breslau hierher evakuiert worden waren und nun in drei Tagen wieder heimwärts ziehen wollten. Wir fragten, ob wir da mitkommen könnten. Sie meinten, das sei schon möglich. Es seien heute schon zwei Soldaten gekommen, die auch mitgingen. Wir erfuhren dann, dass diese beiden unter denen waren, die wir am Vortage getroffen hatten.

Nun versorgten uns die Frauen. Wir sollten uns jetzt einmal drei Tage lang erholen. Jeder von uns wurde in einem Haus bei Bauersleuten einquartiert, die uns alles zuliebe taten, was ihnen möglich war. Sie gaben uns sogar bessere Kleidungsstücke, die keine Löcher mehr hatten. Wie haben uns diese wenigen Tage wohlgetan! Freilich mussten wir immer auf dem Sprung sein und jeden Tag einige Male in den Wald flüchten, wenn die Russen kamen oder die tschechische Polizei aufkreuzte. Der Nachrichtendienst funktionierte aber ausgezeichnet. Bei Nacht konnten wir es allerdings nicht gut wagen, in einem Haus zu schlafen. Ludwig und ich nächtigten immer miteinander in einer am Waldrand stehenden Feldscheune, in die wir durch ein enges Loch hineinkrochen. Für Ludwig war dieser Durchschlupf allerdings eine Qual, denn er konnte die gute Kost immer noch nicht ertragen und musste in der Nacht oft hinaus. Dies war stets mit einem großen Gejammer und Geschimpfe verbunden, wenn er sich durch den engen Durchgang zwängen musste.

Die Leute im Dorf hatten schreckliche Angst. Sie berichteten uns von erschütternden Erlebnissen der vergangenen Wochen. Besonders die Frauenwelt hatte Entsetzliches zu erleiden. Mehrmals hatten russische Soldaten junge Frauen und Mädchen weggeholt, um mit ihnen eine Nacht zu verbringen. Aber auch ältere Frauen, sogar siebzigjährige, waren vergewaltigt worden. Es kam vor, dass die Frau ins Schlafzimmer geschleppt wurde, während der Mann in der Stube ruhig auf einem Stuhl sitzen musste und von einem anderen Soldaten mit der Pistole bewacht wurde. Als dann die Frauen in ihrer Angst in die Wälder flohen, wenn die Russen kamen, wurden die Männer dafür haftbar gemacht. In einem Fall wurde ein Mann erschossen, weil er seine Frau nicht gleich zur Stelle bringen konnte. Daraufhin blieben die meisten Frauen schicksalsergeben in ihren Häusern. Lieber wollten sie sich preisgeben und erniedrigen lassen als das Leben ihrer Männer aufs Spiel setzen. Viele habe ich darüber bitter weinen und klagen gehört und den Eindruck gewonnen, dass sie eine seelische Wunde für das ganze Leben bekommen hatten. Am besten kamen meistens diejenigen davon, die den größten Mut aufbrachten und sich nicht einschüchtern ließen, die sich wehrten und ein lautes Geschrei verführten, wenn sie angepackt wurden. Wer sich aber ängstlich zeigte, war verkauft.

Es herrschte auch Denunziation. Die Russen wussten häufig ganz genau Bescheid darüber, wie viele Frauen oder Mädchen in den verschiedenen Häusern waren. Eine Frau hatte für ihre beiden Töchter in ihrem Schlafzimmer unter der Bettlade ein Versteck im Fußboden gemacht. Die Russen fanden sie aber auf Anhieb und nahmen sie mit. Auch geplündert und geraubt wurde viel bei Tag und bei Nacht. Das taten nicht nur die Russen, sondern auch die Tschechen und sonstige Räuberbanden. Die Frauen trugen keinerlei Schmuck mehr und die Armbanduhren waren alle verschwunden. Dafür sah man häufig Russen, die an jedem Arm fünf oder mehr Uhren trugen und ganze Halsketten aus goldenen Eheringen umgehängt hatten. Von da ab trug ich meinen Ehering in der Hose eingenäht.

Im Flüchtlingstreck nach Schlesien

26. Mai

Nach drei Tagen, am 26. Mai, startete der Rückwande-rertreck. Wir fünf Soldaten waren in der Gruppe einge-rechnet worden, die insgesamt 35 Personen zählte. Wir verteilten uns unter den Flüchtlingsfrauen und zogen ihre Wagen, als gehörten wir zu ihnen. Und wir waren ja in Wirklichkeit auch keine Soldaten mehr, sondern Flüchtlinge. Ja, als Flüchtlinge wollten wir jetzt versu-chen durchzukommen. Es war freilich für uns zuerst ein merkwürdiges Gefühl, als wir die ersten russischen und tschechischen Posten passierten. Wir hatten immer noch den Drang in uns davonzuspringen, denn es war uns wohl bewusst, dass wir bei einer genauen Kontrolle nicht durchkommen würden. Wir hatten ja keine Aus-weispapiere bei uns außer dem Soldbuch, das wir ver-steckt in den Strümpfen oder Schuhen trugen. Doch wussten wir uns zu benehmen. Wenn wir durch die Postenketten gingen, begannen wir zu hinken oder mim-ten eine Rückgratverkrümmung und machten keinen soldatischen Eindruck mehr.

So verlief der erste Tag ohne Behinderung, was uns persönlich betraf. Anders sah es beim Wagenpark aus.

Die meisten Kinderwagen und die schwachen Hand-
wägelchen waren mit Gepäck so überlastet, dass immer
wieder eine Panne auftrat. Meistens brachen die schwachen Achsen oder Räder. So musste manches von dem
mitgeführten Gepäck einfach weggeworfen oder getragen werden.

27. Mai

Am zweiten Tag wollten wir mit den Rückwanderern
am Spieglitzer Schneeberg über die tschechisch-deutsche
Grenze. Da hieß es, in Mährisch-Altstadt, der letzten
Stadt auf tschechischem Boden, sei eine scharfe Kontrolle. Häufig werde dort den Flüchtlingen ihr Gepäck
abgenommen und alle Männer würden festgehalten und
in russische Lager oder Kasernen überführt. Nun konnten die Flüchtlinge mit ihren Handwagen keinen anderen Weg nehmen. Wir fünf Soldaten aber wollten der
Gefahr ausweichen und die Stadt umgehen. So trennten
wir uns vom Treck und gingen auf Nebenwegen. Von
den beiden neuen Kameraden war einer aus Bayern.
Mit diesem tat sich von jetzt ab unser bayerischer Rudolf
zusammen. Der andere aber war aus Ulm. Dieser gesellte
sich zu Ludwig und mir.

In dieser Teilung gingen wir an einem Dorf vorüber,
wo wir einen Bauern nach dem Weg und der Grenze
fragten. Er gab uns jedoch keine genaue Auskunft und

kam uns verdächtig vor. Wir machten uns deshalb so rasch wie möglich weg, einen Wiesenhang hinauf, dem Walde zu. Wir hatten jedoch den Wald noch nicht erreicht, da rief Ludwig: »Passt auf, wir bekommen gleich Feuer!« Er hatte sich umgeschaut und sah tschechische Polizisten, mit Karabinern bewaffnet, eiligst über die Wiesen laufen, um uns den Weg abzuschneiden. Und schon begann es zu knallen. Wir hörten auch Hundegebell. Doch hatten wir keine Lust, uns jetzt noch kurz vor der Grenze von den Tschechen einfangen zu lassen. Wir rannten in den Wald hinein, während die Verfolger hinter uns herschossen. In rasender Eile ging es durch das Waldstück hindurch, das leider nur klein war. Der Ulmer, er hieß Eugen, wollte sich darin verstecken. Ich ließ es aber nicht zu, weil ich überzeugt war, dass die nachkommenden Tschechen den Wald mit ihren Hunden absuchen würden. Darum drängte ich zur Eile über das freie Feld hinweg einem andern Waldstück zu. Und wir hatten das Glück, dieses zu erreichen, ehe die Verfolger das erste Waldstück durchlaufen hatten. Ludwig jammerte zwar wieder laut, als sei das letzte Stündlein da, und warf wieder weg, was er losmachen konnte, auch seine Zudecke. Als wir noch einen bewaldeten Steilhang hinabgestürmt waren und die Grenze überschritten glaubten, legten wir eine Atempause ein. Wir waren wieder einmal gnädig durchgekommen, hatten aber auch gemerkt, dass wir immer noch von unberechenbaren Gefahren umgeben waren.

Einige Stunden später stießen wir wieder auf unseren Flüchtlingszug, der unbehelligt durch die Grenzposten gekommen war, vielleicht weil er nur noch aus Frauen und Kindern bestand. Am Abend gelangten wir dann nach Neu-Mohrau, dem ersten Dorf auf deutschem Boden. Eine wahre Last war von uns abgefallen. Weil alles so gut verlaufen war, beschlossen unsere Flüchtlinge, hier eine Rast von drei Tagen einzulegen. Von dem Bürgermeister des Orts aber erhielt jeder von uns einen Passierschein, auf dem bestätigt war, dass wir uns als Flüchtlinge auf dem Weg nach Breslau gemeldet hätten.

28. bis 30. Mai

Wir benutzten die Verweilpause dazu, langsam wieder Kontakt mit der deutschen Wirklichkeit zu finden. Es waren erste und noch ungewohnte Gehversuche, die wir als Zivilisten unter der Bevölkerung unternahmen, wobei wir noch nicht ganz frei waren von der Angst vor unberechenbaren Gefahren. Viel Not und Unruhe war spürbar. Der Versuch, zu normalen friedlichen Verhältnissen zurückzukehren, war belastet von der Ungewissheit, unter welche Herrschaft man schließlich kommen werde und ob man überhaupt im Lande bleiben könne.

Da ich mich auch für die kirchlichen Verhältnisse

interessierte, machte ich einen Besuch bei dem katholischen Ortspfarrer von Neu-Mohrau, der mich freundlich empfing. Ich erfuhr, dass die kirchliche Arbeit ungehindert weitergehen konnte und dass die Kirchen und Pfarrhäuser durchweg schonend behandelt würden. Viele Pfarrhäuser seien bei Nacht mit Frauen und Mädchen überfüllt, weil sie da sicher sein konnten. Der russische Kommandant sei kirchlichen Anliegen gegenüber sehr zugänglich. Er habe, wie mir der Pfarrer berichtete, seiner Bitte entsprechend sofort die von den Nazis verbotene Fronleichnamsprozession wieder genehmigt, habe ihn im Auto wieder nach Hause gefahren und ihm Lebensmittel geschenkt.

31. Mai bis 3. Juni

Am 31. Mai zogen wir mit dem Treck weiter. Unsere Gruppe wurde jedoch immer kleiner. Da die mündlichen Nachrichten aus Breslau nicht gut lauteten, blieben immer wieder einzelne Flüchtlinge zurück und suchten, irgendwo unterzukommen. Ein kleiner Trupp hielt aber eisern durch. Ihm hatten sich auch unsere zwei bayerischen Kameraden angeschlossen. Die Gründe dafür konnten wir nicht recht durchschauen. Rudolf wollte doch anfangs absolut den kürzesten Weg durch die Tschechoslowakei nehmen. Warum war er jetzt nicht mehr an einer raschen Heimkehr interessiert? War er am Ende Parteigenosse, der daheim eine Abrechnung fürchten musste? Wir drei blieben zwar auch noch einige Tage bei der nach Breslau wandernden Gruppe. Unsere Ausweise gaben uns doch ein Gefühl der Sicherheit. Außerdem hatten wir bei unseren Haltestellen in Schönau und Reichenau gute Nachtquartiere und mit der Ernährung keine Probleme. Dann aber beschlossen wir, die Straße nach Breslau zu verlassen. Was sollten wir in dieser zerschossenen Stadt und in diesem nördlichen brotlosen Kampfgebiet tun? Wir zogen es vor, dem Riesengebirge entlang nach Westen zu gehen. Einmal müssten wir ja doch diese Richtung einschlagen. Warum dann nicht jetzt sofort? Wir glaubten, dass wir in den Gebirgsrandgebieten auch ernährungsmäßig besser durchkommen könnten.

Seitendorfer Zwischenspiel
mit russischer Einlage

4. bis 25. Juni

So trennten wir uns am 4. Juni und gingen unsere eigenen Wege. Wir waren weiterhin zu dritt. Nur hatten wir jetzt an Stelle des bayerischen Feldwebels den Ulmer Feldwebel Eugen, der in seiner Art angenehmer war. Er war nicht so träge und rechthaberisch wie Rudolf, aber nicht weniger ängstlich.

Gleich nach dem ersten Tagesmarsch gelangten wir auf einem Feldweg nach Seitendorf. Dort fragten wir auf einem großen Bauernhof, ob wir etwas zu essen und ein Nachtquartier bekommen könnten. Wir wurden sofort freundlich aufgenommen. Es war nur ein einziger Mann da, sonst lauter Frauen, darunter auch Evakuierte aus Breslau, die uns bis auf den Grund ausfragten. Sie warteten nämlich auch auf die Heimkehr ihrer Männer aus dem Krieg und waren unschlüssig, ob sie wieder nach Breslau zurückkehren sollten. Es wurde uns der Vorschlag gemacht, einige Tage dazubleiben und bei der Arbeit zu helfen. Wir bekämen dafür ein gutes Essen. Und ehe wir Ja oder Nein sagen konnten, saßen wir an einem reichlich gedeckten Tisch. Der junge Bauer stand in unserem Alter und war auch erst vor wenigen Tagen aus dem Militärdienst zurückgekommen. Sein Hof war 40 Hektar groß. Dieser war in den letzten Jahren während seiner Abwesenheit von seinen beiden Schwestern bewirtschaftet worden, von denen eine acht Tage vor unserer Ankunft an der Geburt eines Kindes gestorben war. Die zeitweise Evakuierung der Bevölkerung während der Kampfhandlungen und die fast leeren Viehställe ließen einiges von der ausgestandenen Not und der jetzt so dringend nötigen Aufbauarbeit erkennen.

Es gefiel uns in diesem Haus und wir beschlossen, ein paar Tage zu bleiben. Wir halfen dem Bauern beim Holzschlagen in seinem Wald und hatten in diesen Tagen ein kräftiges Essen. Weil ich Pfarrer war, wurde ich in ein Einzelzimmer eingewiesen. Es war das Zimmer, in dem die Schwester des Bauern gestorben war. Von der Beerdigungsfeier her lagen noch Tannenzweige auf dem Fußboden. Zum ersten Mal nach langer Zeit konnte ich wieder einmal in einem regelrechten Bett schlafen. Dass es das Sterbebett war, störte mich nicht.

Als wir nach einigen Tagen weitergingen, ließen uns die Leute ungern ziehen. Wir hatten aber keine Ruhe mehr, denn wir besaßen keinerlei Nachricht darüber, wie unsere Angehörigen das Kriegsende überstanden und ob sie noch alle am Leben waren. Wir wussten auch nicht, ob nun dort die Amerikaner oder die Franzosen regierten. Man konnte ja nirgends Radio hören, weil die Apparate alle abgenommen waren. Es gab keinen Postverkehr, keine Zeitung und kein Telefon. So befiel uns immer wieder die Sorge, die uns nach Hause zog.

Wir kamen jedoch über Kaubitz hinaus nur eine Tagereise weit. Dann war ein Weiterkommen ohne erhöhte Gefahr nicht mehr möglich. Die russischen Kampftruppen zogen zurück, ostwärts. Jede Straße, jeder Weg war vollgestopft mit Fahrzeugen und Soldaten, jedes Waldstück dicht belagert. Wir hatten kein Verlangen, in diesen Strom hineinzugeraten und gefangen zu werden oder den Russen behilflich zu sein, das geraubte Vieh nach Osten zu treiben. Daher hatten wir alle den gleichen Gedanken: Wieder zurück zu unserem Bauern! In diesem Vorhaben wurden wir bestärkt, als wir hörten, der russische Rückzug werde etwa zwei Wochen dauern. Und dann kämen die Amerikaner, hieß es. Ach, wie sich die Schlesier auf die Ankunft der Amerikaner freuten!

Also gingen wir bei Nacht zu unserem Bauernhaus in Seitendorf zurück, wo wir nach zweitägiger Abwesenheit wieder mit Freuden empfangen wurden. Manche von den guten Frauen aber waren ganz verstört und weinten. Sie erzählten uns, seit unserem Weggang bis vor einer Stunde seien die Russen im Dorf gewesen und hätten sie ganz ausgeplündert. Die meisten hatten an Kleidern nur noch, was sie am Leib trugen. Eine alte

Großmutter hielt jammernd ihren Kopf mit den Händen, weil sie einen Schlag mit dem Gewehrkolben erhalten hatte. Eine junge Frau fand es besonders tragisch, dass man nun auch bei ihr den versteckten Ehering gefunden habe. Sie meinte nun, dies bedeute, dass ihr Mann nicht mehr heimkomme. Die Russen waren auf ihrem Rückzug wohl der Meinung, sie kämen jetzt nach Hause, und nahmen deshalb unterwegs mit, was sie mitnehmen konnten. Später schien es mir aber wahrscheinlicher, dass sie damals an die japanische Grenze geschafft wurden.

Nun begann der Bauer Josef mit der Heuernte. Auf den unebenen Wiesen mussten weite Flächen von Hand mit der Sense gemäht werden. Josef war froh, dass ich da mitmachen konnte. Weil das Gras wegen des fehlenden Sonnenscheins nicht dorrte, mähten wir zwei eine ganze Woche lang. Ludwig und Eugen, die sich auf dieses Handwerk nicht verstanden, machten andere Arbeiten. Die Kenntnis der landwirtschaftlichen Arbeit war mir wieder einmal sehr nützlich. Ich bekam bald Angebote von benachbarten Bauern, die mich zum Mähen haben wollten. Aber ich fühlte mich unserem Wohltäter verpflichtet.

Nach einer Woche standen wir am Sonntag, dem 17. Juni, morgens gerade in der Küche und machten Morgentoilette. Der Tisch war zum Frühstück gedeckt. Da ging plötzlich die Tür auf und mehrere Russen drängten sich herein. An ihrer Spitze ging der Ortskommandant, ein früherer kriegsgefangener russischer Arbeiter im Dorf, der sich gut auskannte und sicherlich auch von unserem Dasein wusste. Er hatte es aber offenbar nicht direkt auf uns Soldaten abgesehen. Jetzt sagte er in seinem gebrochenen Deutsch, während wir ganz verdutzt dastanden: »Da sind sie ja alle.« Die anderen Russen trugen Mützen mit grünem Band, offenbar Leute einer Sondereinheit. Ich warf rasch einen Blick durchs Fenster, merkte aber, dass ein Entkommen nicht mehr möglich war. Das Haus war schon dicht umstellt. Auch Polizeihunde waren aufgeboten. Dann hieß es: »Alle Männer mitkommen auf Kommandantur!« So gingen wir eben, wie wir waren. Auch Josef musste mit. Unter starker Bewachung wurden wir zur Kommandantur gebracht, die sich in einem großen Bauernhaus befand und wo schon weitere Männer abgesondert und streng bewacht herumsaßen.

Was hatte man mit uns vor? Vor dem Haus standen einige mit Pferden bespannte Leiterwagen, die mit Sitzbrettern versehen waren, vermutlich für den Abtransport bereitgestellt. Da kamen auch schon weinende Frauen und Kinder herbei und brachten für die Männer warme Kleider, Decken und Nahrungsmittel. Die Angehörigen der Verhafteten hatten nämlich Weisung bekommen, sie sollten für ihre Männer gute Kleidung und für drei Tage Verpflegung mitbringen, es gehe nach Osten. Nun wussten wir also, wohin es ging. Es fiel auf mich in diesem Augenblick eine unheimlich schwere Last und ein bitterer Zweifel und es war mir, als ginge mein Glaube in einer kalten Enttäuschung unter. Sollten denn alle Strapazen der vergangenen Zeit umsonst gewesen sein? Hatte uns Gott durch so viele Nöte und Gefahren hindurch behütet und seine ermutigenden durchhelfenden Wunder an den Weg gestellt, um uns nun am Schluss doch noch in die Hände der Russen fallen zu lassen? Wir fürchteten uns vor der russischen Gefangenschaft. Nun sollten wir vielleicht für Jahre oder auch für immer im Osten untertauchen, konnten vielleicht nie eine Nachricht nach Hause schicken, mussten in Ungewissheit um unsere Angehörigen bleiben und sie ebenfalls um uns in steigender Sorge und Qual. Gab es denn keine Rettung mehr? Ich konnte Gottes Führung nicht mehr begreifen. Es war eine dunkle Situation, in der ich mir auch selbst Vorwürfe machte, weil wir so lange auf dem Bauernhof geblieben waren, und in der ich mir trotz allem noch einzureden versuchte, dass bei Gott alle Dinge möglich sind.

Dann begann das Verhör mit denjenigen Männern, die bereits vor uns hergebracht worden waren. Jeder wurde einzeln in die große Bauernstube hineingerufen. Drinnen war dann eine Weile lautes Geschrei, bis die Vernommenen ganz verstört wieder herauskamen. Dieses Vorspiel war keineswegs ermutigend. Ludwig war ganz aufgelöst. Wenn keine Gefahr war, war er der Mutigste und machte große Sprüche. Jetzt aber war er wieder so fertig, dass nicht nur er am ganzen Leibe bebte, sondern auch die Bank, auf der er saß. Wir drei kamen zum Schluss an die Reihe. Als Erster wurde Eugen verhört. Es war wiederum dasselbe Geschrei. Auch er kam ganz mitgenommen heraus. Der Offizier, der das Verhör führte, wollte von ihm das Geständnis erzwingen, dass er als Soldat gegen die Russen gekämpft habe. Dies gab er aber nicht zu, obwohl das Fehlen eines überzeugenden Ausweises diese Vermutung nahelegte. Der Passierschein von Neu-Mohrau nützte ja nichts.

Dann kam Ludwig an die Reihe. Weil er ein großer starker Kerl war, vermutete man, er sei Offizier gewesen. Der Untersuchungsrichter warf ihm den Bleistift an den Kopf, packte ihn, riss ihm das Hemd auf und leerte seine Taschen. Es war ein glücklicher Umstand, dass wir unsere Soldbücher auf dem Bauernhof in der Scheune versteckt hatten. Er sei Soldat gewesen, wurde er angeschrien. Nein! Er habe doch Kommissschuhe an den Füßen. Die habe er geschenkt bekommen. So ging es weiter, bis er wieder herausgewiesen wurde.

In dieser Zeit habe ich einen innerlichen Kampf ausgefochten. Eugen, der nach seinem Verhör neben mir saß, flüsterte mir immer wieder zu: »Verrate uns ja nicht!« Was sollte ich sagen? Sollte ich bei der Wahrheit bleiben und gestehen, dass ich Soldat war? Dann war der Weg nach Osten sicher. Und meine beiden Kameraden brachte ich dann ebenfalls mit ins Unglück, weil es offenkundig war, dass wir zusammengehörten. Sollte ich also leugnen und lügen und Gottes Gebot übertreten? Hatten wir nicht einiges aus dem geplanten Hasendiebstahl gelernt? Konnte ich erwarten, mit einer Lüge Gottes Beistand zu erreichen? Ich überlegte, ob man überhaupt verpflichtet sei, diesen Menschen gegenüber die Wahrheit zu sagen, die uns dann widerrechtlich in Gefangenschaft führen würden, denn der Krieg war doch zu Ende. Dürfte man in einem solchen Fall nicht doch zur Lüge greifen? Ich suchte in meinem Gedächtnis nach biblischen Beispielen, die so etwas rechtfertigen könnten. Es fiel mir Rahab ein, die durch ihre Lüge die israelitischen Kundschafter rettete und deshalb nirgends getadelt wurde. Ich dachte an den Propheten Jeremia, der nach einer Unterredung mit dem König Zedekia, dem Rat des Königs folgend, anderen gegenüber über den Inhalt des Gesprächs eine falsche Aussage machte. Aber auch Ananias und Saphira kamen mir in Erinnerung, die sich mit ihrer Lüge in den Tod brachten. Ich wusste nicht, was ich tun sollte, und konnte nur Gott im Stillen bitten, mir das rechte Wort zu geben.

Da wurde ich aufgerufen und ging mutig hinein. Beim Vorbeigehen flüsterte mir Ludwig mit einem unendlich traurigen und bittenden Gesicht zu, ich solle nichts gestehen. Ich erschrak, als ich den Mann sah, der da am Tisch saß und offenbar das Verhör zu führen hatte. Er sah wild und bösartig aus. Seine untersetzte, breitschultrige Gestalt trug einen dicken Rundkopf, aus dem mich ein Paar blutunterlaufene Augen anblickten. Der russische Ortskommandant, der uns hergebracht hatte, bildete den Dolmetscher. Ein anderer Offizier lief, die Hände auf dem Rücken, in der Stube auf und ab und blieb dann am Fenster stehen. Jetzt herrschte mich der Mann am Tisch mit einer groben Geste an: »Ausweis!« Da fiel mir ein, dass ich in meiner Brieftasche einen Zivilführerschein mit Lichtbild hatte. Er war zwar schon 8 Jahre alt, aber es war mein Beruf darin aufgeführt: Vikar. Ich holte das Dokument heraus und legte es dem Russen vor. Er starrte eine Weile darauf hin. Dann fuhr er mich an: »Du Partei!« Ich antwortete: »Nein.« – »Du Volkssturm!« – »Nein!« Dann schrie er: »Du Soldatt!« Da deutete ich mit meinem Finger, zeigte auf das Wort »Vikar« und sagte: »Ich bin Pfarrer.« Er blieb aber hart: »Du Soldatt!« Meine Antwort: »Ich bin

Pfarrer.« Da wurde er wütend: »Du Soldatt!« Ich blieb meinerseits bei derselben Antwort: »Ich bin Pfarrer.« Jetzt schaltete sich der Dolmetscher ein und erklärte, was dieses Wort »Vikar« oder »Pfarrer« bedeutete. Ich hörte jedenfalls immer wieder das Wort »Pope«. Da wurde der Mann am Tisch allmählich ruhiger und schlug eine freundlichere Tonart an. Er wollte wissen, ob ich noch andere Ausweise habe. Ich sagte, andere hätte ich nicht mehr. Warum ich dann ausgerechnet nur diesen noch habe? Ich antwortete, weil ich diesen immer in meiner Brieftasche getragen hätte. Da wollte er meine Brieftasche sehen. Diese untersuchte er dann wie ein Detektiv. Er fand aber darin nichts Belastendes. Da hatte ich schon lange vorgesorgt und hauptsächlich nur noch Familienfotos darin belassen. Aber einige unbenutzte Briefmarken mit dem Hitlerkopf waren doch noch zu finden. So weit hatte ich nicht gedacht. Diese Bilder erregten in ihm einen heftigen Zorn. Er zerknüllte oder zerriss sie und warf sie auf über den Tisch. Meine Brieftasche und den Inhalt warf er mir ebenso wütend über den Tisch herüber auf den Boden. Dann sprang er auf und kam mit hochrotem Kopf auf mich zu und schrie wieder: »Du Soldatt!« Ich dachte, jetzt wird er sich auf mich stürzen. Da unterbrach der am Fenster stehende Offizier, der offenbar eine höhere Befugnis hatte, das Verhör. Ich sammelte meine Habseligkeiten vom Boden auf und wurde wieder hinausgewiesen.

Nachdem nun alle verhört waren, saßen wir auf einer Bank im Hausflur in fieberhafter Spannung. Die Leiterwagen fuhren vor. Dann kam einer aus dem Verhandlungszimmer heraus und verlas eine lange Reihe von Namen. Während die weinenden Frauen weggetrieben wurden, mussten die Aufgerufenen die Wagen besteigen und wurden weggeführt, ohne sich umschauen zu dürfen. Es waren auch Soldaten darunter, die wie wir einige Tage auf Bauernhöfen gearbeitet hatten. Auch den Josef von unserem Hof nahmen sie mit fort, in Hemd und Hose, wie er war.

Wir drei aber waren nicht dabei. Was hatte man mit uns vor? Es wäre uns im Augenblick fast lieber gewesen, wenn sie uns auch mitgenommen hätten. Vielleicht kam noch Schlimmeres auf uns zu? Vielleicht würde man uns weiter verhören, ein Geständnis herauspressen und uns der Lüge überführen? Vielleicht würden sie uns auch kurzerhand an die Wand stellen? Aus dem Verhandlungszimmer drangen laute Stimmen. Die Wachtposten betrachteten uns mit undurchdringlichen Gesichtern, während unsere Herzen immer unruhiger schlugen. Dann endlich kam ein Offizier heraus, trat auf uns zu, schaute uns fest an und sagte: »Ihr, nach Hause!« Wir hatten mit allem gerechnet, nur damit nicht. Wir saßen wie versteinert. Er musste es uns nochmals sagen: »Ihr, nach Hause! Fort!« Da erst begriffen wir. Eugen stürzte auf einen russischen Posten zu und sagte immer wieder: »Nach Hause! Nach Hause!« Wir waren wie Träumende, als wir die Dorfstraße hinaufliefen unserem Bauernhaus zu.

Ich achte es als eine wunderbare Fügung, dass wir da wieder herauskamen. Wie ich nachher erfuhr, wurden auch an anderen Orten solche Razzien durchgeführt. Dabei wurden überall ehemalige Soldaten, Volkssturmkämpfer und Parteimitglieder mitgenommen. Ich glaube, dass für unsere Freilassung auch mein Beruf von Bedeutung war, den ich auf einem Dokument bestätigen konnte. Eins war mir gewiss: Hier war wieder einmal sichtbar und spürbar der am Werk, der auch die Herzen und den Willen der Menschen lenken kann.

Aber nun war auf unserem Hof große Trauer um Josef. Seine schaffige Schwester schaute sorgenvoll auf die erst begonnene Heuernte. Auch die Breslauer Flüchtlingsfrauen liefen mit verweinten Augen herum. Am lautesten klagte Josefs junge Frau, die erst einige Tage zuvor auf dem Hof angekommen war. Sie zerfloss in Tränen. Sie ging zum Kommandanten in die Kreisstadt, konnte aber nirgends erfahren, wohin ihr Mann gebracht wurde. Wir drei Männer fühlten uns nun verpflichtet, in dieser Notlage helfend einzugreifen. Den Weitermarsch nach Westen konnten wir ohnedies noch nicht wagen. Und nach dem gut überstandenen Verhör fühlten wir uns auch etwas sicherer. So blieben wir noch über eine Woche lang da. Ich war nun der einzige Mann auf dem Hof, der die landwirtschaftliche Arbeit einigermaßen verstand. So mähte ich die letzte Wiese vollends ab, befuhr die Kartoffeläcker mit dem Pflug und schaffte mit den anderen das Heu heim. Dabei gab ich stets darauf acht, dass uns die Pferde erhalten blieben. Ihnen galt Josefs ganz besondere Fürsorge. Wenn Russengefahr war, brachte ich sie schleunigst in ein Versteck in den Wald hinaus.

Und dann war da noch ein Problem. Man hatte ein Schwein vor dem Zugriff der Russen gerettet und hielt es irgendwo versteckt. Das Tier war schlachtreif und man konnte das Fleisch notwendig brauchen. Es war aber niemand da, der die Schlachtung vornehmen konnte. Es musste heimlich geschehen. Der angefragte Metzger des Ortes lehnte entschieden ab. Es sei lebensgefährlich, etwas gegen die Anordnung der Russen zu wagen. Allenfalls könne er einige Schlachterwerkzeuge zur Verfügung stellen. Da ich in meiner Jugend oft bei Hausschlachtungen mitgeholfen hatte, verstand ich einiges davon. Die Verarbeitung des Fleisches wollten die Frauen vornehmen. So schritten wir denn eines Nachts zur Tat, nachdem wir vorher die Umgebung gründlich ausgespäht und die Fenster verdunkelt hatten. Wir schafften die ganze Nacht hindurch. Aber am Morgen war alles verarbeitet und sauber weggeräumt und nichts mehr von der Schlachterei zu sehen. Es war nur bedauerlich, dass Josef an der Metzelsuppe nicht teilnehmen konnte.

Die Zeit unseres Aufenthaltes in Seitendorf benützten wir auch dazu, uns Ausweise für den Weitermarsch zu beschaffen. Mittelspersonen besorgten uns beim Bürgermeisteramt Frankenstein Passierscheine, die uns als Flüchtlinge auswiesen und bis Görlitz lauteten. Sie waren zudem mit einem polnischen Stempel und Sichtvermerk versehen. Das ganze Gebiet bis zur Görlitzer Neiße stand ja bereits unter polnischer Verwaltung. Zum Weitermarsch gehörte aber auch ein weniger auffälliges Aussehen. Zu diesem Zweck kam sogar eine Friseuse vom Ort zu uns ins Haus, um uns die Haare zu schneiden. Diese Frau hatte allerdings ihre besondere Not, die ihr anzusehen war. Sie war von den Russen schon fünfmal vergewaltigt worden, hatte deutliche Anzeichen einer Schwangerschaft, fand aber keine ärztliche Abhilfe, weil es den Ärzten von den Russen verboten war, in solchen Fällen einzugreifen. Dazu erwartete diese Frau mit ihren Kindern die Heimkehr ihres Mannes.

Der Weg zur Görlitzer Neiße

26. Juni bis 3. Juli

Obwohl man keinerlei verlässliche Nachrichten bekommen konnte, rechnete die Bevölkerung mit einer baldigen Ankunft der Amerikaner. Diese Hoffnung wurde bestärkt durch den sichtbaren Rückzug russischer Truppen. Wir glaubten jedoch nicht, dass die Russen wieder abtreten würden, was sie einmal in der Hand haben. Deshalb verabschiedeten wir uns am 26. Juni vom Bauernhof in Seitendorf und brachen nach Westen auf. Dabei fühlten wir uns durch die neuen Passierscheine einigermaßen abgesichert. Trotzdem gingen wir allen offensichtlichen Gefahrenstellen aus dem Weg und mieden die Hauptstraßen. Wir wollten jetzt auf den letzten Etappen unserer Heimreise nichts mehr riskieren. Ohne Bedenken marschierten wir aber auf Feldwegen und Nebenstraßen von Ort zu Ort. Doch ließen wir auch da die nötige Vorsicht walten. Wenn wir in der Nähe einer Ortschaft angelangt waren, musste immer einer von uns zuvor auskundschaften, ob der Ort von Russen besetzt war oder nicht. Ich bestand darauf, dass bei dieser Aufgabe regelmäßig abgewechselt wurde und ich es nicht immer allein tun musste. Wenn allerdings Ludwig an der Reihe war, kam er regelmäßig mit dem Ergebnis zurück: »Es hat Russen drin.« Er ging nämlich gar nicht nahe heran, um in keine Gefahr zu kommen. Er meldete dann kurz und bündig das Vorhandensein von Russen, um seines Auftrags entledigt zu sein. Wenn wir dann trotzdem in die Ortschaft hineingingen und keine Russen antrafen, dann meinte er, er habe einen Wagen gesehen und gemeint, es sei ein Russenfahrzeug.

Trotz aller Vorsicht mussten wir aber doch an einer Ortschaft wieder einmal laufen wie die Hasen. Viele Dörfer hatten nämlich zum Schutz vor den nächtlichen Plünderern das Feuerhornblasen eingeführt. Wenn die Banden irgendwo auftraten, dann hörte man bald in der ganzen Ortschaft die Feuerhörner. Vielfach verschwanden dann die Plünderer bei diesem gewaltigen Alarm und die polnische Polizei eilte an den Tatort. Als wir nun eines Abends Nachtquartier suchten und vorne an der Haustüre klopften, blies auf einmal hinten einer mit dem Feuerhorn zum Fenster hinaus und bald tutete es im ganzen Dorf. Um der Polizei zu entgehen, flüchteten wir dann in die Kornfelder hinaus und warteten, bis sich der Sturm gelegt hatte. Zu dieser Jahreszeit konnte man schließlich auch ohne Zudecke im Freien übernachten.

Ein andermal hatten wir uns in einem Dorf zu einer kurzen Rast an einem Schuppen niedergesetzt. Da kamen auch schon zwei Russen mit Maschinenpistolen auf uns zu. Als wir aber unsere Ausweise mit den polnischen Stempeln vorzeigten, blieben wir unbehelligt. Wir wussten jetzt, dass diese Papiere offenbar respektiert wurden.

Wir wanderten am Eulengebirge und Riesengebirge entlang, an Waldenburg und Hirschberg vorbei in Richtung Görlitz. Die Ernährung bereitete uns keine großen Sorgen mehr. Von Seitendorf hatten wir eine reichliche Marschverpflegung mit auf den Weg bekommen. Aber auch die Bevölkerung, der wir begegneten, zeigte sich meistens hilfsbereit.

Erst als wir uns der Görlitzer Gegend näherten, veränderte sich die Situation. Immer wieder hörten wir, dass es sehr schwierig sei, die Görlitzer Neiße zu überschreiten. Dies sei jetzt die polnische Demarkationslinie, die von den Polen scharf kontrolliert werde. Zu unserer Überraschung fanden wir auch auf dem letzten Abschnitt vor der Neiße nur noch leere Dörfer vor. Alle deutschen Bewohner waren bereits fortgetrieben und über die Grenze geschafft worden. 40 Pfund Gepäck durften sie mitnehmen. Sie wurden bisweilen in roher Weise getrieben wie das Vieh. In die leeren Ortschaften fielen dann die Polen mit Autos und Pferdewagen ein und plünderten sie aus. Das Vieh wurde in langen Zügen abgetrieben, Möbel, Betten und Nähmaschinen aufgeladen und der Rest zerschlagen. Überall trafen wir dasselbe trostlose Bild an, ein Bild des Jammers.

Kurz vor der Neiße trafen wir abends auf eine kleine Gruppe von Flüchtlingen. Ein paar Männer und Mädchen hatten die polnischen Posten bestochen und waren wieder über die Neiße zurückgekommen, um in ihren verlassenen Häusern Kartoffeln zu holen, weil sie nichts mehr zu essen hatten. Jetzt waren sie wieder auf dem Weg hinüber. Diesen schlossen wir uns an und kamen so ohne Hindernisse über eine alte Brücke durch die Kontrolle.

Nun befanden wir uns aber in einer Gegend, die von Vertriebenen vollgestopft war. Wir Neuankömmlinge wurden förmlich angefallen um einen Bissen Brot. Man hatte diesen Leuten beim Übergang über die Neiße vielfach auch noch die 40 Pfund Gepäck abgenommen und ihre Ausweispapiere zerrissen. Zurück durfte niemand mehr. Nun lagen sie zu Tausenden da, heimatlos, ohne Nahrungsmittel. Nirgends wollte man sie aufnehmen. Das angrenzende Land Sachsen versperrte den Zugang. So war es scheinbar überall. Viele Flüchtlinge hofften, sie dürften wieder zurück auf ihre Höfe. Aber Woche um Woche verging, ohne dass etwas geschah. So sahen wir sie in alten Blechdosen das Gras abkochen. Zum Erbarmen war das Hungergeschrei der Kinder. Ich sah eine Frau, wie sie ihren bettelnden Kindern eine halbe gekochte Kartoffel gab. Die andere Hälfte wollte sie für den nächsten Tag aufbewahren. Ich sprach mit einem Mann, der in Schlesien ein Hofgut von 700 Hektar besaß, einen Reichtum an Vieh und Pferden. Jetzt hatte er nichts mehr. Auch die letzten Pfennige waren ihm abgenommen worden.

Ich überredete nun meine Kameraden, mit mir in die Stadt Görlitz hineinzugehen. Da unsere Passierscheine nur bis Görlitz lauteten, wollte ich versuchen, neue zu beschaffen. Und es glückte besser als erwartet. Auf dem Rathaus erhielt ich ohne Schwierigkeit einen Passierschein in deutscher und russischer Sprache. Nachdem meine beiden Kameraden, die mich vorgeschickt hatten, sahen, wie leicht dies ging, holten auch sie ihre neuen Ausweise. Als Reiseziel hatten wir jetzt Stuttgart angegeben.

Ein erlösender Grenzübergang

4. bis 9. Juli

Also ausgestattet, wurden wir immer mutiger. Wir wagten uns jetzt auch auf die Hauptstraßen. Und nachdem wir erfahren hatten, dass hier manche Bahnlinien wieder in Betrieb seien, fuhren wir von Löbau aus eine Strecke mit dem Zug und später durch das ausgebrannte Dresden hindurch, das wie eine Geisterstadt aussah. Von dort aus nahmen wir wieder den Weg unter die Füße in Richtung Hof in Bayern, wo wir auf amerikanisch besetztes Gebiet zu kommen hofften.

Auf dieser Strecke durch Sachsen hindurch war die Situation wieder ganz verändert. Wir wunderten uns darüber, dass die Behandlung der Bevölkerung durch die Russen viel besser war als in Schlesien. Die Leute waren nicht so verängstigt, auch noch nicht so ausgeplündert. Man konnte sogar deutsche Zivilisten in Autos oder auf Fahrrädern sehen. Und in den Häusern gab es noch Radioapparate. Ein ungewohntes Bild. Übernachten konnten wir meistens in Pfarrhäusern. Weil ich Pfarrer war, fand ich da für uns drei stets offene Türen und freundliche Betreuung.

Als wir uns der russisch-amerikanischen Demarkationslinie näherten, stieg bei uns nicht nur die Freude über das nahe Ziel unserer langen beschwerlichen Wanderung, sondern auch die Sorge darüber, wie wir über die Grenze kämen. Eine offizielle Durchgangsstelle erschien uns zu riskant. Wie es hieß, wurden dort viele festgehalten oder zurückgeschickt. So versuchten wir die Grenze in der Nähe von Hof an einer unbewachten Stelle zu überschreiten. Wir fragten uns durch und erhielten von der Bevölkerung immer wieder gute Ratschläge. Man informierte uns, dass da vorne der Wald ende. Dann komme ein Wiesengelände und dann ein Bach, der die Grenze bilde. Man müsse aber aufpassen, weil dort immer russische Streifen herumliefen.

So arbeiteten wir uns – Heidelbeeren sammelnd – bis an die Waldlichtung heran. Da war auch schon das Wiesengelände, auf dem Leute bei der Heuernte waren. Als wir langsam darauf zugingen, hörten wir plötzlich in der Nähe eine laute singende Männerstimme. Vorsichtig spähend erkannten wir, dass der Sänger ein russischer Wachtposten war, der in etwa 50 Meter Entfernung mit seiner Maschinenpistole am Waldrand entlangging. Es war ihm offenbar langweilig geworden. Wie gut war es, dass er sich bemerkbar machte! Wir wären ihm sonst direkt in die Hände gelaufen. Als die Gefahr vorüber war, traten wir auf die Wiese hinaus und auf die Bauern zu, die da arbeiteten. Wir taten so, als gehörten wir zu ihnen, krempelten die Ärmel hoch und nahmen herumliegende Gabeln oder Rechen in die Hand. Die Bauersleute verstanden sofort, halfen uns unauffällig weiter und zeigten uns das nahe Bächlein, das wir eiligst überschritten. Als wir dies geschafft hatten, konnten wir nicht mehr an uns halten. Wir fielen einander in die Arme und weinten. Es war uns, als sei eine unheimliche Last von uns gefallen.

Wir waren jedoch kaum 100 Meter weitergelaufen, da hörten wir Schüsse und Kugeln pfeifen. Und dann sahen wir auch schon drei amerikanische Soldaten aus dem Wald herauskommen. Hatten sie auf uns gezielt oder nur so in der Gegend herumgeschossen? Auf jeden Fall flogen die Kugeln nahe an uns vorbei. Wir zeigten jedoch keine Angst und gingen auf eine Scheune zu, die ganz nahe bei einigen Häusern stand. Darin versteckten wir uns. Denn so rasch und so nahe an der Grenze wollten wir doch den Amerikanern nicht in die Hände fallen. Wir fürchteten, sie könnten uns wieder zu den Russen hinüberschicken. Wie wir aber bald merkten, hatten es die uns folgenden amerikanischen Soldaten gar nicht auf uns oder deutsche Soldaten abgesehen, sondern auf Hühnereier, die sie den Bauersleuten im Haus nebenan abkaufen wollten, wohl um ihre Essensrationen etwas zu verbessern.

Nachdem auch dies gut an uns vorübergegangen war,

gingen wir mit uns zu Rat. Wir wussten nun nicht, ob es klug wäre, sich bei den Amerikanern zu melden, oder ob es nicht ratsamer sein könnte, sich jetzt vollends bis zur Heimat durchzuschlagen. Dann hätten wir allerdings auch damit rechnen müssen, unterwegs einmal aufgegriffen zu werden und ohne Entlassungspapiere dazustehen. So hielten wir es schließlich für besser, uns freiwillig bei den Amerikanern zu stellen. Wir schliefen noch einmal eine Nacht darüber.

Bei den Amerikanern

10. bis 16. Juli

Am nächsten Tag, 10. Juli, erkundigten wir uns bei der Zivilbevölkerung und erfuhren, dass in Moschendorf bei Hof ein amerikanisches Durchgangslager sei. Wir gingen dorthin und meldeten uns. Anhand unserer Soldbücher, die wir noch bei uns trugen, wurden unsere Personalien aufgenommen. Dann wurden wir in eine Baracke eingewiesen. Unsere Hoffnungen, sofort unsere Entlassungspapiere zu erhalten, waren vergebens. Abends sahen wir dann, wie unsere Soldbücher zusammen mit vielen anderen auf dem Hof des Lagers verbrannt wurden. Wir hätten sie gerne wenigstens als Andenken behalten, durften sie aber nicht wegnehmen. Nun verstrichen in Ungewissheit die Tage. Wir konnten nicht erfahren, was man mit uns vorhatte. Wir bekamen außer einer dünnen kraftlosen Lagersuppe fast nichts zu essen und fingen schon an, es zu bereuen, dass wir uns hier gestellt hatten. Da endlich, nach einer ganzen Woche, wurden uns die Entlassungspapiere ausgehändigt. Jetzt konnte uns nichts mehr den Heimweg versperren. Jetzt erst war der Krieg für uns wirklich zu Ende. Mit diesem Papier waren wir wieder offiziell der zivilen Welt zurückgegeben.

17. bis 18. Juli

Unsere Herzen waren erfüllt von Lob und Dank, als wir auf Lastwagen verladen und bis nach Würzburg gebracht wurden. Von dort konnten wir streckenweise auch mit der Bahn fahren. Je näher wir aber der Heimat kamen, umso unruhiger wurden wir. Die Telefonverbindungen waren noch nicht wiederhergestellt. Schon mehr als ein halbes Jahr lang hatten wir keine Nachricht mehr von unseren Familien. Wir hörten zwar, dass die Amerikaner und Franzosen beim Einmarsch mit der Bevölkerung nicht so schrecklich umgegangen seien wie die Russen. Aber wie und ob unsere Angehörigen die letzten Kriegstage überlebten, wussten wir nicht. So hatte jeder von uns dreien seine persönliche Sorge und Erwartung, als wir uns voneinander verabschiedeten und jeder den nächsten Weg nach Hause suchte.

Die letzte Nacht vor der Heimkehr verbrachte ich in einem Übernachtungsheim in Ludwigsburg. Da waren außer mir auch noch andere Heimkehrer. Auf der zweistöckigen Pritsche über mir wälzte sich einer unruhig hin und her. Er konnte nicht schlafen, weil auch er in Sorge um seine Familie war. Er wollte wissen, wo ich zu Hause sei und was für ein Geschäft ich hätte. Als ich es ihm sagte, erwachte wahrscheinlich sein kirchliches Gewissen. Denn nach einer Weile des Schweigens meldete er mir vom oberen Stockwerk herab seinen eben gereiften

Entschluss. Er sei zwar kein Kirchgänger. Aber wenn er daheim alles gesund antreffe, dann werde er am kommenden Sonntag mit seiner ganzen Familie den Gottesdienst besuchen. Als ich diesen Vorsatz hörte, fielen mir die Versprechungen und Gelübde ein, die ich aus dem Munde so vieler Soldaten gehört hatte. Wenn sie gesund nach Hause kämen, dann müsse alles ganz anders werden, in der Ehe, in der Familie, im Glauben. Bei dem Heimkehrer über mir waren nun der Dank und der Wille zur Erneuerung schon zusammengeschrumpft auf einen einzigen Kirchgang. Es war ja jetzt nur noch eine Nacht, die uns von der Heimat trennte. Jetzt konnte ja nicht mehr viel schiefgehen. Wozu sollte man da noch große Versprechungen hinblättern? Da müsste doch der liebe Gott mit einem einzigen Sonntagsbesuch zufrieden sein. Ich empfand es als bedrückend, wie rasch der Mensch Gottes Wohltaten vergessen kann.

Daheim

19. Juli

Am 19. Juli kam ich nach Hause. Der Zug, mit dem ich die letzte Strecke zurücklegte, hielt allerdings an meinem Heimatort Uhingen nicht, sondern fuhr weiter bis nach Göppingen. Von dort aus ging ich dann auf einem Fußweg zurück. Ich war in unruhiger Erwartung und Spannung. Es war mir deshalb nicht unangenehm, dass ich mich dem heimatlichen Hause nur langsam nähern konnte. Unterwegs begegnete mir ein Mann, den ich fragte, ob er wisse, wie es im Pfarrhaus Uhingen gehe. Er antwortete, da sei alles wohlauf, nur der Pfarrer fehle. Der sei wahrscheinlich an der Ostfront gefallen. Dies genügte mir.

Als ich mich dem Pfarrhaus näherte, kam mir ein dreijähriges Mädchen mit einem hellblonden Lockenkopf entgegengesprungen und sprach mich an: »Bist du mein Papa?« Ich dachte, es könnte wohl mein Töchterlein sein, das ich allerdings seit seinem ersten Lebensjahr nicht mehr gesehen hatte. So antwortete ich: »Wenn du mein Renätle bist.« Sie war es. Meine Frau war allerdings nicht zu Hause. Sie war mit dem Fahrrad unterwegs, suchte in Gefangenenlagern nach mir und befragte andere Heimkehrer, ob sie etwas von mir wüssten. Sie kam erst am nächsten Tag und war überrascht und überglücklich, mich daheim anzutreffen. Dann holte sie einen gerahmten Spruch herbei. Es war das Losungswort von dem Tag im Januar 1942, da ich, dem Stellungsbefehl folgend, Familie und Gemeinde verlassen musste. Meine Frau hatte sich an diesem Wort festgehalten: »Ihr sollt erfahren, dass ich der Herr bin. Ich rede es und tue es auch, spricht der Herr« (Hes. 37).

Es war eine völlig veränderte Situation, die ich in der Heimatgemeinde antraf. Als ich sie dreieinhalb Jahre zuvor verlassen musste, beherrschte der Nationalsozialismus diktatorisch das Feld. In einem jahrelangen Kirchenkampf war die Kirche mit ihren Aktivitäten planmäßig aus der Öffentlichkeit ins Abseits verdrängt und in den Geruch der Staatsfeindlichkeit gebracht worden. Jetzt war alles ins Gegenteil verändert. Die furchterregenden Parteifunktionäre waren verschwunden und die führenden Persönlichkeiten so gut wie alle wegen ihrer Parteimitgliedschaft aus ihren Ämtern und Stellungen entfernt worden. Viele befanden sich in Internierungslagern.

Die jahrelang unterdrückte und verfolgte Kirche war auf einmal wieder geachtet und die Gottesdienste stark besucht wie nie zuvor. Und der Pfarrer – daran musste ich mich zuerst gewöhnen – war eine respektierte Per-

190

sönlichkeit und hatte in der Öffentlichkeit und Neuordnung der Verhältnisse ein gewichtiges Wort zu sagen. Ich merkte auch sofort, dass viele fürchteten, ich könnte jetzt mit meinen Gegnern aus der Zeit des Kirchenkampfes abrechnen.

Kurz nach meiner Heimkehr erschien ein Mann bei mir und überbrachte mir aus dem Nachlass des entmachteten Ortsgruppenleiters einige Akten, die die Kirche und meine Person betrafen. Daraus konnte ich entnehmen, dass meine Einberufung zum Kriegsdienst auf Betreiben der Geheimen Staatspolizei geschah, bei der ich als »Gegner der nationalsozialistischen Bewegung« angezeigt worden war. Jetzt fiel mir auch ein Gespräch ein, das im ersten Jahr meiner militärischen Verwendung mein damaliger Kompaniechef mit mir führte. Er war der Meinung, ich gehöre als Pfarrer nicht in die kämpfende Truppe, und meldete mich kurzerhand als Anwärter zum Dienst eines Wehrmachtspfarrers an. Bald darauf teilte er mir aber mit, sein Vorschlag sei abgelehnt worden. Es liege offenbar etwas Belastendes gegen mich vor. Ich müsse bei der kämpfenden Truppe bleiben. Auch eine Verwendung im Sanitätsdienst komme nicht in Frage. Er meinte, ich könne nicht einmal mit einer Beförderung zum Unteroffizier rechnen. Als ich diese Akten durchblätterte, wurde mir vieles klarer. Ich erkannte, dass hier mein soldatisches Schicksal bestimmt wurde, allerdings nicht so, wie es ursprünglich beabsichtigt war. Man hatte, wie mir dann auch noch andere Zeugen bestätigten, auf diese Weise einen unbequemen Mann für immer loswerden wollen. Ein Wort Josefs an seine Brüder, die ihn hinterrücks verkauft hatten, fiel mir ein: »Ihr gedachtet es böse mit mir zu machen, aber Gott gedachte es gut zu machen« (1. Mose 50,20).

Es waren schwere und gefahrvolle Jahre, die hinter mir lagen. Aber ich erkannte jetzt im Rückblick noch deutlicher die unsichtbare Hand Gottes, die auch im Dunkeln regierte und auch in unverständlichen Führungen eine heilsame erziehende Hand der Güte und des Segens war. Dies machte mich tief betroffen und verhalf mir zu einer demütigen und dankbaren Wiederaufnahme meines pfarramtlichen Dienstes.